Doris Muliar

# RICHTIGE ERNÄHRUNG

## bei erhöhtem Cholesterinspiegel

Doris Muliar

# RICHTIGE ERNÄHRUNG *bei erhöhtem Cholesterinspiegel*

100 gesunde Rezepte, um die
Cholesterinwerte natürlich zu senken

riva

# Inhalt

## Suppen und Eintöpfe 75



## Vegetarische Hauptgerichte 99

## Fisch, Fleisch und Geflügel 161



## Desserts, Gebäck und süße Hauptgerichte 187

# Vorwort

Das Tückische an zu hohen Cholesterinwerten im Blut ist, dass sie keine Schmerzen verursachen, auch sonst keine Warnzeichen auftreten und Sie plötzlich – meist durch Zufall, wenn ein Blutbild gemacht wurde – mit besorgniserregenden Werten konfrontiert sind.

Ihr Arzt wird Sie bestimmt darüber aufgeklärt haben, dass gerade zu hohe LDL-Werte, die umgangssprachlich als das »schlechte« Cholesterin bezeichnet werden, der hauptsächliche Risikofaktor für Herz-Kreislauf-Erkrankungen wie Arteriosklerose, Schlaganfall und Herzinfarkt sind. Das »gute«, das HDL-Cholesterin, wirkt diesen Gefahren entgegen. Je niedriger das LDL-Cholesterin und je höher das »gute« HDL-Cholesterin, desto geringer ist das Risiko.

Nicht nur eine möglicherweise ungesunde Lebensführung ist schuld, auch Veranlagung und die Produktion in Ihrer Leber spielen dabei eine große Rolle. Die Leber stellt etwa 70 Prozent des Cholesterinbedarfs selbst her, wobei es bisweilen auch dadurch zu gefährlichen Überschüssen kommen kann. Jedoch ist es egal, woher die hohen Werte stammen – sie müssen auf jeden Fall gesenkt werden.

Dabei werden Ihnen die Rezepte in diesem Buch helfen. Denn es lohnt sich immer, durch eine Umstellung der Ernährung das LDL-Cholesterin zu senken. Abgesehen davon, dass Sie insgesamt gesünder essen werden, mit guter Ernährung können Sie verhindern, dass die Dosis Ihrer Cholesterin-Medikamente, meist Statine, immer weiter erhöht werden muss. Vielleicht gelingt es Ihnen, eine lebenslange Einnahme zu verhindern, denn auch die modernen Medikamente sind nicht ganz ohne Nebenwirkungen.

Erfreuen Sie sich an den vielen bunten Rezepten in diesem Buch, die Ihnen – wenn nötig – auch beim Abnehmen helfen werden. Ich wünsche Ihnen, dass Sie bald Erfolg haben beim Cholesterinsenken, rundherum gesund sind und sich wohlfühlen.

# Wofür ist Cholesterin wichtig?

Cholesterin ist ein Baustein für einige lebenswichtige Substanzen in unserem Körper:

- Es wird zur Herstellung von Gallensäure für die Fettverdauung gebraucht.
- Die Geschlechtshormone Östrogen, Testosteron und das Stresshormon Cortisol sind auf Cholesterin angewiesen.
- Vitamin D wird in der Haut mithilfe von Cholesterin gebildet.
- Die Ummantelung aller Zellen unseres Körpers enthält Cholesterin, um geschmeidig zu bleiben.
- Nerven und Gehirnzellen brauchen Cholesterin zur Unterstützung der Nervenimpulse.

Cholesterin wird also vom Organismus unbedingt gebraucht, was aus Angst vor Arteriosklerose oft vergessen wird. Unser Organismus enthält insgesamt etwa 150 Gramm Cholesterin, wovon etwa 5 bis 10 Gramm im Blut schwimmen. Verglichen mit anderen Stoffen ist das eine ganze Menge und zeigt, wie wichtig und lebenserhaltend Cholesterin für uns ist.

Unser Wunderorgan, die Leber, kann 70 bis 90 Prozent der benötigten Cholesterinmenge selbst herstellen, das sind etwa 0,5 bis 1 Gramm täglich. Daher könnte ein zu hoher Cholesterinspiegel auch »hausgemacht« sein und nicht mit der Ernährung zusammenhängen. Normalerweise wird etwa ein Viertel bis ein Drittel der benötigten Cholesterinmenge aus dem Fett der Nahrung aufgenommen. Dabei ist entscheidend, die richtigen »guten« Fette und außerdem reichlich Ballaststoffe zu sich zu nehmen, um das »schlechte« LDL-Cholesterin im Zaum zu halten.

# Die Lipoproteine HDL und LDL

Damit Cholesterin aus der Nahrung ins Blut gelangen kann, ist ein Transportmedium nötig. In diesem Fall eine wasserlösliche Umhüllung aus Proteinen (Eiweiß). Diese Verbindung von Cholesterin, Fett und Eiweiß sind die Lipoproteine.

Die beiden für unseren Cholesterinspiegel maßgeblichen Fett-Eiweiß-Kügelchen sind das HDL (High Density Lipoprotein), das »gute« Cholesterin, und das LDL (Low Density Lipoprotein), das umgangssprachlich als das »schlechte« bezeichnet wird.

Das LDL transportiert Baustoffe wie Fette, Vitamine und Cholesterin aus der Leber in die Blutbahn. Es verlässt die Blutbahn, indem es an Rezeptoren andockt, um an seinem Zielort in den peripheren Zellen, zum Beispiel in der Haut, anzukommen. Bei genetisch bedingt zu wenigen Rezeptoren oder bei überlasteten Rezeptoren durch falsche Ernährung bleibt das LDL-Cholesterin im Blut und lagert sich – vereinfacht gesagt – an den Gefäßwänden an. So entsteht die gefürchtete Plaque und damit die Arteriosklerose. Daher hat das LDL auch seinen Ruf als »schlechtes« Cholesterin.

Das HDL-Cholesterin hingegen nimmt überschüssiges Cholesterin aus der Blutbahn auf und bringt es zur Leber zurück. Ein hoher HDL-Spiegel kann sogar überschüssiges Cholesterin von den Zellwänden wieder entfernen. Das recycelte Cholesterin wird zum Aufbau von Gallensäure, Hormonen und all den anderen lebenswichtigen Stoffen verwendet. Diesen Mechanismus können Sie durch eine bewusste Ernährung unterstützen. Das bedeutet: Weniger tierische Fette, viel Gemüse und Ballaststoffe. Auf diesen Grundsätzen habe ich die Rezepte aufgebaut.

## Welche Werte sind zu hoch?

Als Faustregel kann ein Normalwert für den Gesamtcholesterinwert von unter 190 mg/dl (Milligramm pro Deziliter) dienen. Manche Ärzte gehen von 160 mg/dl aus, andere tolerieren bis zu 220 mg/dl.

Statistisch gesehen bedeutet ein Wert von über 240 mg/dl ein doppeltes Risiko (gegenüber dem Normalwert), einen Herzinfarkt zu erleiden, bei einem Wert von über 280 mg/dl verdreifacht sich dieses Risiko.

Wichtig bei der Beurteilung dieser Zahlen ist das Verhältnis von HDL- zu LDL-Cholesterin. Der sogenannte LDL/HDL-Quotient sollte unter dem Wert von 4 liegen. Dafür wird der LDL-Wert durch den HDL-Wert dividiert. Ideal wäre ein Ergebnis von unter 2, mit 5 schneiden Sie gerade noch gut ab, über 5 haben Sie einen deutlichen Überschuss an LDL-Cholesterin im Blut.

Wichtig ist auch, wie viel andere Fette, zum Beispiel Triglyceride, im Blut vorhanden sind. Dies richtig zu beurteilen, sollten Sie Ihrem Arzt überlassen. Denn nicht nur der Cholesterinwert allein entscheidet, ob Sie Statine (die häufigste Art der Cholesterinsenker) einnehmen müssen oder vielleicht schon durch Gewichtsverlust und Ernährung zu normalen Werten gelangen. Auch wenn die Einnahme von cholesterinsenkenden Medikamenten für Sie notwendig geworden ist, können Sie durch bewusste Ernährung die Dosierung möglicherweise reduzieren, was zu weniger Nebenwirkungen (unter anderem Muskel-, Leber- und Verdauungsbeschwerden) beiträgt.

# Die Fettsäuren

Zur Reduzierung der hohen Cholesterinwerte durch die Ernährung spielt die Verwendung der richtigen Fettsäuren eine wichtige Rolle.

Kurz erklärt: Chemisch gesehen sind Fettsäuren eine Kette aus Kohlenstoffatomen, an denen jeweils 2 Sauerstoffatome und 1 Wasserstoffatom hängen. Dabei bleibt jedem Kohlenstoffatom noch die Möglichkeit, sich untereinander einfach oder doppelt zu verbinden. Daher kommt es zur Bezeichnung einfach gesättigte Fettsäuren (1 Kohlenstoff-Doppelbindung) oder mehrfach ungesättigte Fettsäuren (2 oder mehr Kohlenstoff-Doppelbindungen). Gesättigte Fettsäuren haben keine zusätzlichen Kohlenstoffverbindungen, denn sie sind mit Sauerstoff und Wasserstoff schon »satt«.

Gesättigte Fettsäure – zwischen den Kohlenstoffatomen (C) bestehen nur einfache Verbindungen.

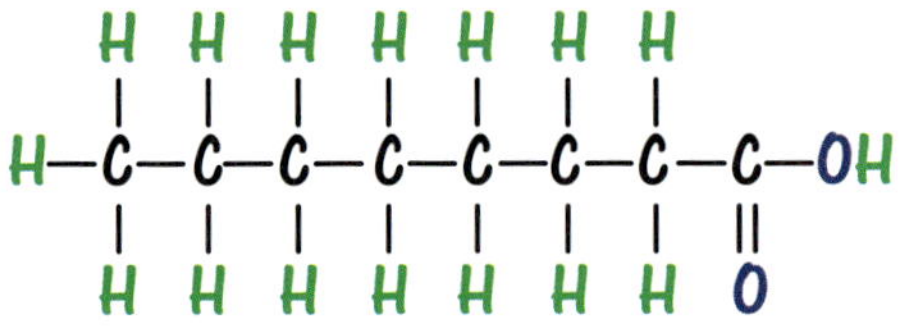

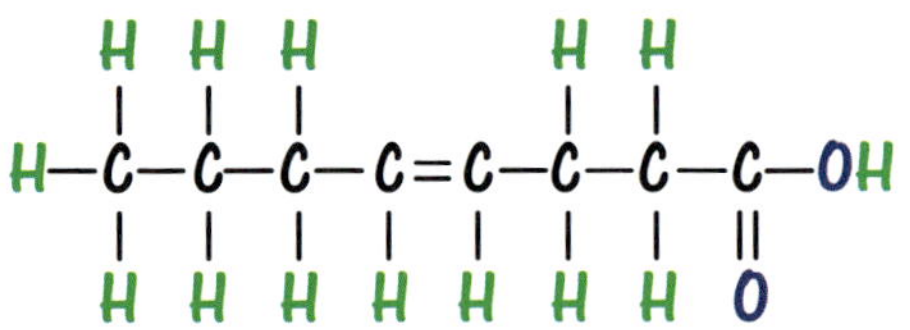

Einfach ungesättigte Fettsäure – zwischen zwei Kohlenstoffatomen (C) besteht eine Doppelbindung. Es können keine Wasserstoffatome (H) andocken. Gibt es mehrere solcher Doppelbindungen spricht man von mehrfach ungesättigten Fettsäuren.

Einfach und mehrfach ungesättigte Fettsäuren – hauptsächlich in pflanzlichen Fetten – werden als gesund angesehen, während gesättigte Fettsäuren – hauptsächlich tierische Fette – einen schlechten Ruf haben. Trotzdem haben auch sie Aufgaben im Organismus: Bei Mangel wird der Körper diese selbst aus Glukose und Eiweiß herstellen.

Innerhalb dieser Einteilung in gesättigte, ungesättigte und mehrfach ungesättigte Fettsäuren unterscheidet man noch zwischen lang-, mittel- und kurzkettig. Die kürzeste Kette besteht aus 4 Kohlenstoffatomen, die längste aus 22. (Kurzkettig ist zum Beispiel Butter, mittelkettig Kokos- oder Palmfett und langkettig Oliven- oder Avocadoöl.)

**Essenzielle Fettsäuren** sind diejenigen, die Ihr Körper unbedingt benötigt. Diese kann er nicht selbst herstellen. Davon sind die mehrfach ungesättigten Omega-3- und Omega-6-Fettsäuren die bekanntesten. Sie sind für verschiedene Funktionen zuständig, können sich jedoch in ihrer Wirkung hemmen. Deshalb sollte auf ihr Verhältnis zueinander geachtet werden: Empfohlen wird 1 Teil Omega-3 zu maximal 5 Teilen Omega-6. Leider ist dieses Verhältnis vor allem wegen zu viel industriell hergestellter Nahrung bis zu einem zehnfach höheren Omega-6-Wert außer Kontrolle geraten. Die Balance bei der Aufnahme der beiden Fettsäuren ist deshalb so wichtig, weil unser Stoffwechsel beide mithilfe desselben Enzyms verarbeitet. Sind alle Enzyme mit einem Überschuss an Omega-6-Fettsäuren beschäftigt, wird kein Omega-3-mehr aufgenommen. Es ist also nicht nur wichtig, wie viel Omega-3-Fettsäuren Sie zu sich nehmen, sondern mindestens ebenso bedeutend, wie wenig Omega-6-Fettsäuren auf Ihren Teller kommen.

Übersicht der wichtigsten Fettsäuren in Nahrungsmitteln

**Einfach ungesättigte Fettsäuren:** enthalten in kalt gepresstem Oliven- und Raps-, Macadamia- und Avocadoöl. Sie können besonders positiv auf den Cholesterinspiegel wirken, indem sie einen hohen LDL-Wert senken.

**Mehrfach ungesättigte Fettsäuren:** essenziell, dazu zählen hauptsächlich die Omega-3- und Omega-6-Fettsäuren.

- **Omega-3-Fettsäuren:** fetter Fisch aus Wildfang wie Lachs, Thunfisch, Makrele (Fisch aus Aquakulturen enthält kaum noch Omega-3), Fischöl, Lein- und Chiasamen, Raps-, Lein- und Hanföl

- **Omega-6-Fettsäuren:** hochdosiert und gesund in Nüssen (besonders Walnüssen und Paranüssen) und in Samen (wie Kürbis- und Sonnenblumenkernen), wobei gleichzeitig auch Omega-3-Fettsäuren im günstigen Verhältnis enthalten sind. Man braucht sie aber nur in kleinen Mengen. Der hohe Omega-6-Überschuss kommt hauptsächlich von tierischen Lebensmitteln und von raffinierten Ölen. Zum Beispiel Sonnenblumenöl, Fleisch, auch Geflügel, Butter, Schmalz, Käse und Eier

- **Gesättigte Fettsäuren:** in allen tierischen Lebensmitteln enthalten. Zum Beispiel in Butter, Ghee, Schmalz, Sahne, Eiern, fettreichen Käsesorten, fettem Fleisch und Wurst. Aber auch in Kokos- oder Palmöl, das zum Frittieren verwendet wird. Diese Öle treiben die LDL-Cholesterinwerte in die Höhe und sollten daher sparsam gegessen werden.

**Transfette:** eine Form der eigentlich gesunden ungesättigten Fettsäuren, man sollte sie dennoch ganz aus der Ernährung verbannen. Sie entstehen hauptsächlich durch lebensmitteltechnologische Prozesse bei der Härtung von Ölen. Sie fördern Entzündungen und werden als Risiko für Herzerkrankungen und Krebs eingestuft. Verarbeitet sind Transfette zum Beispiel in Fast Food, Margarine, Fettcremes, Backwaren und in frittierten Produkten. Achten Sie bei den Angaben zu Inhaltsstoffen vor allem auf die Bezeichnungen »enthält gehärtete« oder »teilweise gehärtete« Fette oder »pflanzliches Fett, z. T. gehärtet«.

## Zu hohe Werte durch Vererbung

Die Bildung zu hoher Cholesterinwerte hängt von verschiedenen Faktoren ab. Es ist nicht immer der Schweinebraten oder der Alkohol, was die Blutfettwerte in die Höhe treibt. Bei vielen Menschen sind auch die Gene beteiligt. Wenn dann noch ungünstige Ernährung, wenig Bewegung und viel Stress dazukommen, steigt das Cholesterin in riskante Höhen.

Anders bei der familiären Hypercholesterinämie, dem angeborenen hohen Cholesterinspiegel. Dabei sind die LDL-Rezeptoren um die Hälfte reduziert. Das heißt, es wird zu wenig des »schlechten« Cholesterins aus dem Blut geholt. Das führt dann zu Werten oberhalb von 300 mg/dl – auch bei optimaler Ernährung. Diese Erkrankung bedarf auf jeden Fall senkender Medikamente. Es wird geschätzt, dass etwa 15 Prozent der Patienten mit erhöhten Cholesterinwerten davon betroffen sind.

Aber egal, ob die Cholesterinwerte erworben oder vererbt sind, die Folgen bleiben dieselben: Erhöhte Gefahr für Herz-Kreislauf-Erkrankungen durch sich verengende Arterien.

## Die größte Gefahr

Zu hohe Cholesterinwerte – und dabei in erster Linie erhöhte LDL-Werte – führen zu Ablagerungen an den Innenseiten der Gefäßwände. Diese lösen Entzündungen aus, es kommt zu Verdickungen, an denen sich Blutplättchen (Thrombozyten) anlagern und die Arterien verstopfen (»verkalken«): die gefürchtete Plaque, die Arteriosklerose, ist da.

Was daran ist so gefährlich? Vereinfacht gesagt: Über die Arterien wird das Blut in den Kreislauf gepumpt, um Organe und Gewebe mit Nährstoffen und Sauerstoff zu versorgen. Das beginnt bei den großen Arterien – die größte, Aorta hat 2,5 bis 3,5 Zentimeter Durchmesser – und endet mit 1,2 Milliarden feinster Haargefäße, den Kapillaren, mit 5 bis 10 Mikrometer Durchmesser. Der Druck, der dabei erzeugt wird – der Blutdruck – hängt von der Elastizität und der Durchgängigkeit der Blutgefäße ab. Je höher der Druck ist, zum Beispiel wegen der Engstellen durch die Ablagerungen, desto mehr werden die Gefäßwände beansprucht.

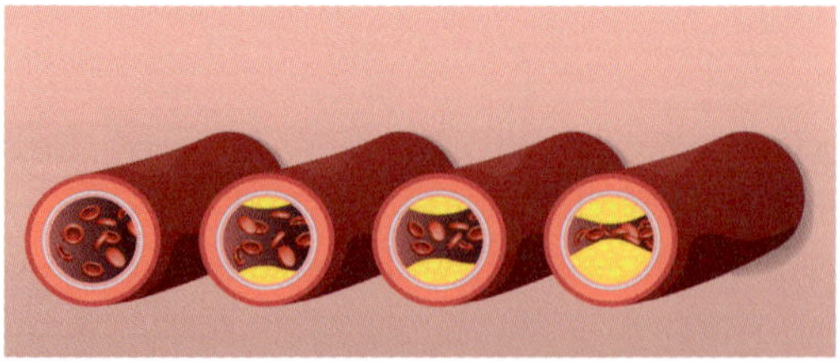

Entwicklung der Ablagerungen in Arterien. Ganz links: gesunde und durchlässige Arterie; ganz rechts: gefährlich von Plaque belegte Arterie

Bis die Ablagerung in den Gefäßen zu schweren, spürbaren Folgen führt, können viele Jahre vergehen. Sind die kleinen und kleinsten Arterien betroffen (Mikroangiopathie), können Nerven, Nieren oder die Netzhaut der Augen beeinträchtigt werden. Die Verengung größerer Gefäße (Makroangiopathie) betrifft die Herzkranzgefäße, die Halsschlagader und Beinarterien. Die »Gefäßverkalkung« (Arteriosklerose) gilt als Ursache für Durchblutungsstörungen des Gehirns und der Gliedmaßen (arterielle Verschlusskrankheit) sowie für koronare Herzerkrankungen – Angina pectoris (Brustenge), Herzinfarkt und Schlaganfall.

## Bemerkt man zu hohes Cholesterin?

Sie selbst werden es lange Zeit nicht bemerken, wenn Ihr Cholesterinspiegel zu hoch ist. Denn die Beschwerden treten erst auf, wenn der Schaden, zum Beispiel durch Arteriosklerose, schon eingetreten ist. Der Schlaganfall oder Herzinfarkt kommt dann meist völlig unerwartet.

Auch wenn Ihr Arzt beim Check-up zu hohe Werte feststellt, müssen Sie sich wenig Sorgen machen, wenn Sie die verordneten Tabletten einnehmen. Diese bewirken auf unterschiedliche Weise, dass das LDL-Cholesterin und seine Risiken niedrig gehalten werden. Sie können aber auch selbst viel dafür tun, dass die Dosis nicht immer weiter erhöht werden muss. Besser wäre es jedoch, sich schon frühzeitig um eventuell erhöhte LDL-Werte zu kümmern. Denn: Wer Herzbeschwerden bekommt, hat bereits eine Einengung der Herzkranzgefäße um bis zu 70 Prozent. Und das hätte man durch regelmäßige Vorsorgeuntersuchungen und eine arterienfreundliche Lebensführung verhindern können. Dazu gehören: weniger Kalorien, weniger gesättigte Fettsäuren und Transfette und mehr Ballaststoffe.

## Was kann Ernährung bewirken?

Auch wenn der Arzt Ihnen Statine (Cholesterinsenker) verschrieben hat, muss das kein Freibrief sein, sich weiter wie gewohnt zu ernähren. Denn Sie wollen Ihr Risikoprofil für koronare Herzkrankheiten sicher nicht weiter erhöhen und auch die Dosis Ihrer Medikamente nicht immer höher schrauben.

Die Ernährung allein – je nach Ausprägung des erhöhten Cholesterins – wird Ihren Cholesterinspiegel nicht schnell und komplett normalisieren. Es lohnt sich aber dennoch LDL-fördernde Nahrungsmittel zu meiden und HDL-freundliche in die tägliche Routine aufzunehmen.

Wissenschaftlich gesichert ist außerdem, dass jede Art von Bewegung und Sport – auch Spazierengehen – das »gute« HDL-Cholesterin anhebt.

Die wichtigste Maßnahme ist das »schlechte« LDL-Cholesterin zu senken und überschüssiges Fett zu verlieren. Und dafür bedarf es größerer Anstrengung: Die Fettverbrennung muss angekurbelt werden. Die bekanntesten Scharfmacher gegen Ihre Fettpolster sind Chili, Cayennepfeffer und Ingwer. Rosmarin, Kurkuma, Kaffee und grüner Tee regen ebenfalls die Fettverbrennung an, ohne tatsächlich auf der Zunge zu brennen. Aktiv gegen vorhandenes Fett wirken auch Nüsse (Magnesium und Zink!), Möhren und Fisch.

Hand aufs Herz! Haben Sie Übergewicht? Dann heißt es für Sie im wahrsten Sinne des Wortes: Ran an den Speck. Schon einige Kilogramm weniger können dazu beitragen, das gefährliche LDL-Cholesterin zu senken.

Dabei helfen Ihnen bestimmt folgende Rezepte, die mit relativ wenigen Kilokalorien satt machen, die richtigen Fettmenge enthalten und reichlich Ballaststoffe liefern.

Die althergebrachte Empfehlung, cholesterinarm beziehungsweise -frei zu essen, führt nicht so sehr zum Erfolg wie eine Ernährung mit viel Gemüse und die Auswahl der richtigen Fette. Damit sind einfach und mehrfach ungesättigte Fettsäuren (siehe Seite 10) gemeint und eine Reduzierung von gesättigten Fettsäuren auf 20 bis 25 Gramm maximal täglich.

1 Ei, Größe M, enthält etwa 240 Milligramm Cholesterin, Innereien und Schalentiere enthalten etwa 200 bis 300 Milligramm Cholesterin pro 100 Gramm und waren bislang streng vom Speiseplan gestrichen. Mittlerweile weiß man aber, dass die gesättigten Fettsäuren der Hauptfaktor für die Entstehung hoher Cholesterinwerte im Blut sind. Im Rezeptteil habe ich deshalb zu Ihrer Information den Anteil der gesättigten Fettsäuren (GF) extra berechnet.

Gerade die verpönten Eier sind eines der besten Lebensmittel. Sie sind voller Vitamine, Mineralstoffe und enthalten so wichtige Stoffe wie Lecithin und Cholin. Mit 1,7 Gramm gesättigter Fettsäuren ist so ein Ei ein Leichtgewicht. Trotzdem: Drei bis vier Eier pro Woche sind genug. Die DGE (Deutsche Gesellschaft für Ernährung) geht bei ihrer neuesten Veröffentlichung sogar von nur einem Ei pro Woche aus. Das aber deshalb, weil in die neuen Empfehlungen auch der ökologische Fußabdruck der Lebensmittel mit einfließt[1], und dieser ist bei allen Lebensmitteln tierischen Ursprungs recht groß.

Wir haben in den Rezepten die Eier komplett weggelassen, was aber nicht bedeuten soll, dass Sie komplett darauf verzichten müssen. Überall, wo ich als Ersatz für Eier 1 Esslöffel gemahlene oder geschrotete Leinsamen, gequollen in 4 Esslöffel Wasser, verwende, können Sie auch ein Ei, Größe M, nehmen. Weich gekocht zum Frühstück, als Omelette, im Kuchen oder als Zutat beim Überbacken können Sie immer wieder mal Eier ohne Reue zu sich nehmen.

# Ist Nahrungsergänzung sinnvoll?

Sie werden, wenn Sie auf der Suche nach Mitteln gegen Ihren erhöhten Cholesterinspiegel sind, öfter auf Empfehlungen stoßen, mit welchen frei verkäuflichen Produkten der Pharmaindustrie Sie Ihrem Problem zu Leibe rücken können. Hier eine kleine beispielhafte Auswahl von Nahrungsergänzungsmitteln und ihren Versprechungen:

- Vitamin B3, das Niacin, kann LDL senken und HDL erhöhen.
- B6, B9 und B12 senken Homocystein und schützen die Blutgefäße, wenn sie schon von Ablagerungen betroffen sind.
- Vitamin C hilft, Blutgefäße zu reparieren.
- Vitamin D, das Sonnenvitamin, ist nicht nur für unsere Knochen gut, sondern senkt auch die Triglyceride und erhöht das HDL-Cholesterin.
- Die Mikronährstoffe Chrom und Kupfer tragen dazu bei, HDL zu erhöhen.
- Coenzym Q10 verbessert die Blutgefäße.

Dazu werden noch natürliche Antioxidantien, sekundäre Pflanzenstoffe und Omega-3-Fettsäuren empfohlen. Diese Aussagen sind nicht grundsätzlich falsch. Aber Sie finden das alles genauso in einer ausgewogenen und cholesterinbewussten Ernährung. Die Mischung der einzelnen Nährstoffe in den natürlichen und frischen

1 Deutsche Gesellschaft für Ernährung: DGE-Ernährungskreis, Bonn 2024.

Lebensmitteln ist einzigartig, wird optimal aufgenommen und kann industriell gar nicht so effektiv nachgebaut werden. In den Rezepten habe ich darauf geachtet, Lebensmittel zu verwenden, die all die genannten Stoffe enthalten, die geeignet sind, LDL-Cholesterin zu bekämpfen, HDL-Cholesterin zu erhöhen, die Blutgefäße elastisch zu erhalten und die Ihren Darm mit vielen Ballaststoffen fit machen.

Es kann sein, dass Ihnen der Arzt ein zusätzliches Vitamin oder den ein oder anderen Mikronährstoff vorübergehend verschreibt, wenn das Blutbild ein deutliches Defizit aufweist – einen Vitamin-B-Komplex beispielsweise oder zusätzliches Vitamin D. Auf Rezept bekommen Sie die richtige Dosierung, die in frei verkäuflichen Mitteln meist ohnehin zu gering ist, um eine bemerkbare Wirkung hervorzurufen.

## Transfette und Konservierungsstoffe meiden

Transfette oder teilweise gehärtete Öle werden verwendet, um Lebensmittel haltbarer zu machen. Sie stecken in Chips, Pommes, Soßen, Müsliriegeln, Fertiggerichten, Tütensuppen – praktisch in allen industriell gefertigten Lebensmitteln. Ärzte sprechen von »Killerfetten«, wenn es um die künstlich gehärteten Fette geht. Denn je mehr diese die Zellen blockieren, desto schlechter wirkt das Hormon Insulin: Zucker (Glukose und Fruktose) gelangt nicht mehr in die Muskeln, um dort in Energie verwandelt zu werden. Der Zucker landet dann in der Leber, deren Glukosespeicher schon voll sind, weshalb sie ihn in Fett umwandelt und einlagert.

Am besten versuchen Sie, Transfette so gut es geht zu vermeiden. Zum Anbraten können Sie hitzebeständige kalt gepresste Pflanzenöle (Raps- oder Olivenöl) verwenden oder Pflanzenöle, die als Bratöl gekennzeichnet sind. Aber auch da können sich schädliche Fette bilden. Nämlich dann, wenn das Öl in der Pfanne zu rauchen beginnt. Bleiben Sie also am Herd stehen, wenn Sie Öl erhitzen, und geben das Bratgut rechtzeitig in die Pfanne.

Konservierungsstoffe sind nicht generell schlecht. Sie machen Nahrungsmittel länger haltbar. Schwefelverbindungen wie Sulfite (E 221–224 und E 226–228) und Schwefeldioxid (E 220) befinden sich in Wein, Trockenfrüchten oder Kartoffelerzeugnissen. Natamycin (E 235), in Käserinde oder gepökelten Wurstwaren, schützt vor Schimmelpilzen. Natriumnitrit (E 250) steckt auch in Gepökeltem und Pasteten. Benzoesäure (E 210) enthalten Limonaden, Konfitüren und vieles mehr. Alles Chemikalien, die zwar Nutzen bringen, in Mengen und miteinander aber die Leber stark belasten. Denn all diese Konservierungsstoffe müssen auch wieder entsorgt werden, was auf Dauer gesehen den Organismus schwächt.

# Was hilft: natürliche Cholesterinsenker

## BALLASTSTOFFE

Nach einer Untersuchung im Auftrag des Bundesministeriums für Ernährung[2] nehmen 75 Prozent der Frauen und 68 Prozent der Männer zu wenig Ballaststoffe zu sich. Und die meisten wissen auch nicht, wofür Ballaststoffe überhaupt gut sind, wozu die – etwas unglückliche – Bezeichnung »Ballast« sicher beiträgt. Mit einer ballaststoffreichen Ernährung könnten erhöhte LDL-Werte um 10 bis 15 Prozent gesenkt werden. Wenn Ihre Cholesterinwerte viel zu hoch sind und Sie bereits Folgeschäden haben, ist – neben der Einnahme von Statinen – eine Versorgung mit ausreichend Ballaststoffen dennoch sinnvoll. Die DGE empfiehlt eine tägliche Aufnahme von circa 30 Gramm.[3] Im Rezeptteil finden Sie bei jedem Rezept unter »Bal«, wie viele Ballaststoffe pro Portion enthalten sind.

Ballaststoffe regen die Darmtätigkeit an, sorgen für lang anhaltende Sättigung, ernähren die »guten« Darmbakterien und halten die Darmschleimhaut gesund. Nach dem Motto »gesunder Darm, gesunder Mensch« sind Ballaststoffe unverzichtbar und keineswegs unnützer »Ballast«. Dazu kommt, dass in allen Lebensmitteln mit vielen Ballaststoffen auch reichlich Vitamine, Mineralstoffe und Enzyme enthalten sind. Das Beste: Die Ballaststoffe binden Gallensäuren im Darm und schleusen das darin enthaltene LDL-Cholesterin aus dem Darm.

Wenn Sie es nicht schaffen, die tägliche Ballaststoffmenge von 30 Gramm zu erreichen, können Sie aus der folgenden Tabelle den ein oder anderen »Ballaststoffbooster« wählen. Wichtig dabei ist, gleichzeitig ausreichend zu trinken, denn Ballaststoffe brauchen viel Flüssigkeit, um zu quellen. Andernfalls droht Verstopfung.

2 »Nationale Verzehrsstudie II«, durchgeführt vom Max-Rubner-Institut, Protokoll vom Mai 2013.
3 Deutsche Gesellschaft für Ernährung: »Die Nährstoffe – Bausteine für Ihre Gesundheit«, Bonn 2022.

## BALLASTSTOFFBOOSTER

| Booster im Überblick | pro 100 g | besonders zu beachten |
|---|---|---|
| Chiasamen  | 34 g | Anfangs nicht zu viel davon verzehren. Am besten in Flüssigkeit vorquellen lassen, zum Beispiel in der Müslimilch oder Suppe. Nicht mehr als 15 g täglich, rät die DGE, während die amerikanischen Gesundheitsbehörden auch 48 g zulassen. |
| Dinkelkleie  | 45 g | Dinkel enthält weniger Allergene als Weizen oder Weizenkleie. |
| Erdmandelflocken  | 29 g | Sie sind nicht nur außerordentlich ballaststoffreich, sondern auch glutenfrei, schmecken leicht süßlich und enthalten das darmfreundliche Butyrat (Buttersäure), ein begehrter Nährstoff für Ihre guten Darmbakterien. |
| Flohsamenschalen  | 79 g | Weltmeister beim Quellen! Sie führen eher selten zu Blähungen. Bis zu 15 g täglich sind sehr gut verträglich. Mehr können abführend wirken, was aber bisweilen auch erwünscht ist. Besonders wirksam ist das fein gemahlene Pulver, das jede Menge Schleimstoffe, welche die Darmwand schützen, produziert. |
| Haferflocken  | 10 g | Ballaststoffe sind nicht alle gleich. Bei Haferflocken steht der Stoff Beta-Glucan im Vordergrund, der die Darmschleimhaut besonders schützt und außerdem gegen LDL-Cholesterin wirksam ist. |
| Haferkleie  | 12 g | Das Verhältnis von unlöslichen zu löslichen Ballaststoffen ist bei Haferkleie viel besser als bei Weizenkleie, was das Haferprodukt auch bekömmlicher macht. |
| Leinsamen  | 35 g | Ganze Leinsamen nicht mit Milch zusammen verzehren – sie verlieren die Quellfähigkeit. Leinsamen enthalten natürliches Cyanid, 15 g pro Mahlzeit werden vom Bundesinstitut für Risikobewertung aber als unbedenklich eingestuft. |
| Leinsamen-Schrot  | 31 g | Erst zerkleinert kann Leinsamen seine Wirkung voll entfalten. Ganze Samen passieren den Darm und regen »nur« die Verdauung an. |
| Weizenkleie  | 12 g | Verwenden Sie Weizenkleie erst, wenn sich Ihr Darm an reichlich Ballaststoffe gewöhnt hat. Weizenkleie besteht zu 45 % aus unlöslichen Ballaststoffen und hat nur wenige lösliche mit präbiotischen Wirkungen. Ein empfindlicher Darm kann darauf mit starken Blähungen reagieren. |

| zusätzliche Inhaltsstoffe | Wie verwenden? |
|---|---|
| viel Calcium (fünfmal so viel wie Milch!) für die Knochen. Reichlich Spurenelemente Zink, Kupfer und Mangan | Schmecken recht neutral und passen daher geschmacklich überall dazu. Eignen sich auch für Pudding und zur Marmeladenherstellung. |
| viel Eiweiß. Vitamin B1 (Thiamin) für Nerven und Herz. Eisen (+Vitamin C) ist für Vegetarier und Veganer besonders wichtig, da es sonst hauptsächlich in Fleisch vorkommt. | gut in Joghurt, Smoothies und Suppen. Beim Backen: 10 % des Mehls durch Kleie ersetzen. Ganze Körner können ähnlich wie Risotto oder als Beilage zubereitet werden. |
| reich an ungesättigten (62 %), mehrfach ungesättigten (18 %) Fettsäuren und 8 g Eiweiß pro 100 g. Mehr Vitamin E als Olivenöl! Außerdem: Kalium, Magnesium, Kalzium und Phosphor | ideal um Ihre Müslis aufzupeppen. Geröstet, gekocht oder roh ein ideales Topping auch für Salate. Mit Milch vermixt erhalten Sie Chufa, das Erfrischungsgetränk, das es in Spanien an jeder Straßenecke gibt. |
| An zusätzlichen Nährstoffen haben Flohsamenschalen wenig zu bieten – aber die 84 g Ballaststoffe machen schon genug her. | neutraler Geschmack. Gut für Overnight Oats und andere Müslizubereitungen. In Wasser eingeweicht entsteht ein Gel, womit man Soßen eindicken und Marmeladen kochen kann. Das Gel wird auch als Eiersatz in der veganen Küche verwendet. |
| Sie enthalten wichtige Vitamine aus der B-Gruppe und Vitamin K, dazu noch die Mineralstoffe Magnesium, Phosphor, Eisen und Zink – alles Vitalstoffe (nicht nur) für Senioren. | Egal, ob zart oder kernig, grob oder fein (die Handelsbezeichnungen sind unterschiedlich), alle passen in Müslis oder Smoothies, können in Suppen und Eintöpfen versteckt und – geröstet – auch auf Salate gestreut werden. |
| In den Randschichten des gemahlenen Korns stecken jede Menge Vitamine und Mineralstoffe: B1, B2 und B5, Magnesium, Eisen, Zink, Mangan und Selen. | für Soßen, Bratlinge oder Gemüsepuffer. Beim Backen ein Drittel der Mehlmenge durch Haferkleie ersetzen oder einfach mit ein paar Früchten ins Joghurt rühren. |
| 23 % Omega-3-Fettsäuren und 6 % Omega-6-Fettsäuren. Ein günstigeres Verhältnis gibt es nicht! Dazu noch Magnesium und Zink. | Der leicht nussige Geschmack passt gut in Bratlinge. Wer ganze Körner ablehnt, nimmt die geschrotete Variante. |
| Er quillt im Darm auf und bildet einen schützenden Film. Geschrotete Leinsamen waren schon immer ein Hausmittel gegen Verstopfungen. | Ideal wäre, die Samen erst kurz vor ihrer Verwendung in einem Universalzerkleinerer oder Mörser frisch zu schroten. Durch den hohen Fettgehalt kann der Schrot schnell ranzig werden. |
| B-Vitamine, Kupfer, Zink, Magnesium, Phosphor und Mangan. Für Vegetarier und Veganer ist der hohe Eisengehalt von Bedeutung. | Zur besseren Verträglichkeit zuvor in Wasser quellen lassen. Gut geeignet als Beimischung in Brot, Gebäck und Haferporridge. |

## HAFER, DER ALLESKÖNNER

Hafer ist unter den Ballaststofflieferanten der bekannteste. Davon zeugen die vielen Müslisorten, Müslirezepte und Müslifreunde. Für alle, die Müsli oder Porridge nicht so sehr mögen, habe ich in diesem Buch ein paar Anregungen: Hafer in seinen vielfältigen Erscheinungsformen vom Korn zu Flocken, Mehl und Drink kann auch in der raffinierten Küche überraschen. Zum Beispiel passen geröstete Haferflocken auf Salate und Suppen, in Bowls kommen ganze Haferkörner zum Einsatz, Haferkleie können Sie in Eintöpfen verstecken und Haferstreusel auf den Kuchen geben – alles ein Stückchen »Oat Cuisine«.

Das Wertvollste am Hafer ist ein besonderer Ballaststoff: das Beta-Glucan. Dieser streichelt Ihre Darmwand regelrecht und ist Lieblingsnahrung Ihrer »guten« Darmbakterien. Beta-Glucan bewirkt aber noch viel mehr: Das »schlechte« LDL-Cholesterin wird blockiert, der Blutzuckerspiegel und Ihr Gewicht werden reguliert. Dazu kommt noch ein hoher Eiweißgehalt (13,5 pro 100 Gramm) – sehr wichtig für alle, die keine tierischen Produkte zu sich nehmen.

## PRÄBIOTIKA

Um das Wachstum der » guten« Bakterien im Darm anzuregen sind die sogenannten Präbiotika wichtig. Am bekanntesten sind die unverdaulichen Ballaststoffe (Oligofructose und Inulin), wie sie in Vollkorn und Hülsenfrüchten vorkommen. Beim Abbau der Ballaststoffe durch die Darmbakterien entstehen kurzkettige Fettsäuren, welche die Darmzellen und -schleimhaut vor schädlichen Stoffwechselprodukten schützen. Aber auch die wasserlöslichen Ballaststoffe in Obst und Gemüse wirken cholesterinsenkend und sind für die Darmgesundheit unverzichtbar.

## RESISTENTE STÄRKE UND PROPIONSÄURE

In ihrer wichtigen Bedeutung noch nicht so lange bekannt ist die sogenannte resistente Stärke, die ähnlich wirkt wie die wasserunlöslichen Ballaststoffe. Sie kommt hauptsächlich in stärkehaltigen Lebensmitteln wie Kartoffeln, Nudeln und Reis vor, die gekocht und 24 Stunden lang wieder abgekühlt wurden. In dieser Ruhezeit verändert die Stärke ihre chemische Struktur: Sie wird für den Men-

schen unverdaulich, aber für die Milchsäurebakterien im Dickdarm zu einem Leckerbissen. Diese verwandeln nämlich die resistente Stärke zu Butyrat (Buttersäure), einer wohltuenden Fettsäure, welche sehr hilfreich für die Darmgesundheit und das Mikrobiom im Allgemeinen ist. Durch Butyrat wird das Wachstum von Bifidobakterien und Lactobazillen (Probiotika) angeregt.

Nützlich ist Butyrat bei Entzündungen, Diabetes, Herz-Kreislauf-Erkrankungen und bei Übergewicht, denn die Kohlenhydrate vom Vortag haben wegen der unverdaulichen Ballaststoffe weniger Kalorien. Im Besonderen aber helfen diese kurzkettigen Fettsäuren der Buttersäure, dass kein LDL-Cholesterin durch die Darmbarriere in den Blutkreislauf gelangt. Neben abgekühlten Kartoffeln, Reis und Teigwaren sind auch gegarte Hülsenfrüchte, Haferflocken und nicht zu reife Bananen gut für die Versorgung mit resistenten Stärken.

Eine ähnliche Wirkung wird der Propionsäure zugeschrieben. Auch diese wird von den Darmbakterien bei der Verdauung von Ballaststoffen hergestellt und fängt das schädliche LDL-Cholesterin direkt im Darm ab. Besonders förderlich für die Entstehung von Propionsäure im Darm sind Vollkornbrot, Brokkoli, Kefir und fermentierte Lebensmittel wie zum Beispiel Sauerkraut und das koreanische Kimchi.

## OMEGA-3-FETTSÄUREN

Man würde meinen, je weniger Fett, desto besser für Gesundheit, Gewichtskontrolle und Abbau von zu hohem Cholesterin. Das ist falsch und gilt nur für Transfette in Fertigprodukten und chemisch extrahierte »raffinierte« Öle.

Unser Körper braucht Fette, zum Beispiel, um Zellwände elastisch zu halten. Sie sind Bausteine für Hormone; die Vitamine A, D, E und K werden nur zusammen mit Fett aufgenommen und gespeichert. Nicht zuletzt verlangsamen Nahrungsfette die Aufnahme von Glukose ins Blut, was bei Insulinresistenz sehr wichtig ist. Ungesättigte und mehrfach ungesättigte Fettsäuren, unter anderem in kalt gepressten Ölen wie Olivenöl, Rapsöl, Leinöl, Nussölen, fettem Fisch und Avocado können Sie getrost reichlich zu sich nehmen.

Ein besonderer Pflanzenfarbstoff im Olivenöl ist das Hydroxytyrosol, für das sogar in der Werbung die Aussage »zum Schutz der Blutfette vor oxidativem

Stress« erlaubt ist. Den guten Inhaltsstoff finden Sie auch in ganzen Oliven.

In Salaten sollten Sie Leinöl und Nussöle bevorzugen. Lein- und andere Samen sowie Nüsse wirken besser als jede Nahrungsergänzung. Besonders Leinöl und Avocados und deren Öl sind hervorragende Fettquellen.

Auch in Fleisch – aber nur von artgerecht gehaltenen Tieren – sind neben hochwertigen Proteinen viele Omega-3-Fettsäuren enthalten, und das in einem günstigen Verhältnis zu Omega-6-Fettsäuren. Empfohlen wird ein Verhältnis von 1:5. Also maximal fünfmal so viele Omega-6- wie Omega-3-Fettsäuren. In der gegenwärtigen durchschnittlichen Ernährung liegt es mit 1:10 und darüber deutlich höher. Der Überschuss entsteht durch zu viel raffiniertes, billiges Öl und industrielle Transfette.

## SEKUNDÄRE PFLANZENSTOFFE

Das sind die Farb- und Aromastoffe, die nicht nur in allen farbigen Obst- und Gemüsesorten vorkommen, sondern auch in einigen Nüssen und Getreidearten sowie in Tee – vor allem grünem – und Kakao. Die Pflanzen schützen sich mit diesen Stoffen gegen Fraßfeinde, UV-Strahlung und Krankheiten. Über 100.000 dieser Stoffe haben die Forscher schon gefunden, etwa 6.000 davon kommen in unserer Nahrung vor. Und alle haben bestimmte gesundheitsfördernde Wirkungen. Viele stärken das Immunsystem, andere wirken antibakteriell oder entzündungshemmend.

Einige haben sich auch als hilfreich gegen einen erhöhten Cholesterinspiegel erwiesen:

**Sekundäre Pflanzenstoffe**

| | enthalten in | wirksam |
|---|---|---|
| Catechine | grüner Tee, Kakaobohnen, dunkle Schokolade | Hemmen Enzyme zur Herstellung von Cholesterin. Verringern die Fettaufnahme im Dickdarm. |
| Carotinoide | rote, gelbe, orangefarbene Früchte, grüne Gemüse | Reduzieren die Oxidation von LDL-Cholesterin und können die Bildung von Plaque verringern. |
| Phytosterine | Getreide, Sojaprodukte, Leinsamen, Sesam, Nüsse, Sonnenblumenkerne | Reduzieren die Cholesterinaufnahme aus dem Darm. |
| Saponine | zuckerähnliche Substanzen (Glycoside) in Hülsenfrüchten, Sojaprodukten, Spargel, Hafer, grünes Gemüse | Können den Cholesteringehalt im Blut verringern, sind wirksam gegen Entzündungen. Vorsicht bei Lakritz, worin auch Saponine enthalten sind: Zu viel davon kann Herzrhythmusstörungen auslösen. |
| Sulfide | Schwefelverbindungen in Lauch, Knoblauch, Spargel, Zwiebel | Senken den Cholesterinspiegel und wirken antioxidativ. |

## CATECHINE

Das Flavonoid, das im grünen Tee vorkommt, hemmt diejenigen Enzyme, die bei der Herstellung des Cholesterins in der Leber gebraucht werden. Es verringert auch die Fettaufnahme im Dickdarm und hilft die Arterienverkalkung aufzuhalten.

Über 200 sekundäre Pflanzenstoffe sind in grünem Tee nachgewiesen. Mehrere Tassen pro Tag sind kein Problem, da grüner Tee nur ein Viertel des Koffeingehalts von schwarzem Tee hat. Grüner Tee enthält außerdem Zink, welches antibakteriell wirkt, und den Gerbstoff Tannin, der unsere Zellen nicht so schnell altern lässt. Japanische Teesorten haben hinsichtlich des Catechin-Gehalts die Nase vorn: Sencha und Gyokuro sind die bekanntesten. Achten Sie bitte auf Bioqualität und die empfohlene Zubereitung.

Auch in Kakaobohnen sind Catechine vorhanden. Ihre Wirkung behalten sie allerdings nur, wenn die Bohnen nicht geröstet, sondern sanft, nicht heißer als bei 42 °C, fermentiert werden. Unter der Bezeichnung »Kakao in Rohkostqualität« oder »Rohkakao« finden Sie solchen schonend behandelten Kakao im Handel. Dunkle Schokolade (mit mindestens 70 Prozent Bio-Kakao) enthält etwa gleich viel Flavonoide wie grüner Tee.

## CAROTINOIDE

Wegen des Namens werden diese Pflanzenfarbstoffe in erster Linie mit den Karotten assoziiert. Carotinoide sind aber in allen orangefarbenen, roten und gelben Früchten enthalten und auch in Grünzeug wie Brokkoli, Grünkohl und Spinat. Zu den Carotinoiden gehören unter anderem Betacarotin in Möhren und Aprikosen, Capsanthin in Paprika, Lutein in Grünkohl und Spinat, Lycopin in Tomaten oder Zeaxanthin in Mais. Je bunter es auf Ihrem Teller zugeht, desto mehr profitieren Sie von dem Lebenselixier. Denn es vermag das biologische Alter zu senken, stärkt die Arterien und reduziert die Oxidation von LDL-Cholesterin, was die Verkalkung verringern kann.

## PHYTOSTERINE

Phytosterine sind sekundäre Pflanzenstoffe, welche in den Zellwänden fettreicher Pflanzen vorkommen. Die chemische Zusammensetzung ähnelt der des Cholesterins. Daher können Phytosterine die Aufnahme des Cholesterins verringern, indem sie es aus den Micellen im Dünndarm verdrängen.

Mit einer ausgewogenen Ernährung nimmt man automatisch Phytosterine zu sich: Pflanzenöle, Samen (Leinsamen!), Kerne, Nüsse, Sojaprodukte und Getreide enthalten viel davon, aber auch grünes Gemüse und Zitrusfrüchte. Wenn Sie eines oder mehrere dieser Lebensmittel bewusst täglich in Ihren Speiseplan einbauen, tun Sie schon viel dafür, Ihren Cholesterinspiegel zu senken. In unseren Rezepten habe ich die phytosterinhaltigen Lebensmittel so oft wie möglich untergebracht.

Eine Studie begleitete ein Jahr lang Menschen mit einem etwa 30 Prozent erhöhtem Cholesterinspiegel, deren Ernährung mit pflanzlichen Proteinen und Ballaststoffen – Hülsenfrüchten, Getreide, Beerenobst, Zitrusfrüchten, Nüssen und Mandeln –, also phytosterinhaltigen Lebensmitteln, angereichert wurde. Der Erfolg war ein um 20 Prozent niedrigerer Cholesterinspiegel.[4]

Phytosterine werden auch in rezeptfreien Medikamenten (mit dem Wirkstoff Beta-Sitosterol) angeboten. Die Einnahme sollten Sie aber auf jeden Fall mit Ihrem Arzt besprechen.

Es gibt auch mit Phytosterinen angereicherte Lebensmittel, sogenannte funktionelle Lebensmittel. Zum Beispiel manche Margarinesorten, Joghurts oder Milchmixgetränke. Auch diese sind mit Vorsicht zu genießen. Denn bei normalem Cholesterinspiegel oder bei Einnahme von senkenden Medikamenten können Phytosterine eine Arteriosklerose begünstigen und die Aufnahme von Betacarotin und fettlöslichen Vitaminen behindern.[5]

## SAPONINE

Diese finden Sie unter anderem in Hülsenfrüchten, Sojaprodukten, Spargel, Hafer, Erdnüssen, Knoblauch, Quinoa, Auberginen und in grünem und schwarzem Tee.

Es handelt es sich um eine zuckerähnliche Substanz, die das Cholesterin im Dünndarm bindet und abtransportiert. Außerdem hemmen Saponine die Wiederaufnahme von Gallensäure, welche aus Cholesterin in der Leber gebildet wurde. Wird diese ebenfalls ausgeschieden, kann sich der Cholesteringehalt im Blut verringern.

4 »Portfolio Diet Score«, David Jenkins, University of Toronto. Erschienen in: American Journal of Clinical Nutrition, 2013.

5 Bundeszentrum für Ernährung: »Wegen des offenkundig weit verbreiteten unbedenklichen Umgangs mit diesen Lebensmitteln und der möglichen Gesundheitsgefahren für gesunde Personen durch längerfristigen Verzehr, fordern die Verbraucherzentralen ebenso wie das Bundesinstitut für Risikobewertung, dass die Europäische Behörde für Lebensmittelsicherheit Pflanzensterine als Zutat in Lebensmitteln neu bewertet.«, Bonn 2021.

**SULFIDE**

Es handelt sich um Schwefel-Wasserstoff-Verbindungen, welche die Cholesterinsynthese im Körper vorübergehend blockieren. Das heißt, die sulfidhaltigen Lebensmittel sollten regelmäßig auf dem Speiseplan stehen: hauptsächlich Knoblauch, Lauch und Zwiebeln. Damit kommen Sie auch in den Genuss der weiteren guten Eigenschaften der Sulfide. Sie wirken als Antioxidantien, stärken das Immunsystem, regen die Verdauung an und wirken antibakteriell.

# Nüsse

Besondere Beachtung bei cholesteringesunden Lebensmitten verdienen die Nüsse: Die sekundären Pflanzenstoffe sowie Omega-3-Fettsäuren in allen Nusssorten gelten als blutfettsenkend, insbesondere des LDL-Cholesterins. Das gilt auch für Erdnüsse, die eigentlich Hülsenfrüchte sind, und für Mandeln, die zum Steinobst zählen. Eine Besonderheit sind die Erdmandeln – es handelt sich um Wurzelknollen, die auch Tigernuss genannt werden –, die das HDL-Cholesterin ansteigen lassen.

Die Deutsche Gesellschaft für Ernährung (DGE) empfiehlt schon lange, täglich eine Handvoll (nicht mehr!) Nüsse zu essen, etwa 30 Gramm. Neben vielen anderen Wohltaten für unseren Organismus schützen Nüsse vor kardiovaskulären Erkrankungen, indem sie den LDL-Spiegel senken.[6]

Ganz oben sind bei einer Studie die Walnüsse gelandet,[7] wonach 43 Gramm täglich das LDL-Cholesterin nachweislich um 5 Prozent zu senken vermögen.

Gleichzeitig steigen beim Verzehr von Walnüssen die Anteile des HDL-Cholesterins und sie wirken positiv auf unser Gehirn. Denn auch dort kann Plaque

6 Meta-Studie der Loma Linda University, veröffentlicht in: The Archives of Internal Medicine.
7 »A Walnut-Enriched Diet Reduces Lipids in Healthy Caucasian Subjects (...): A Prospective, Randomized, Controlled Trial«. Nutrients, München 2017.

entstehen, die für Demenzerkrankungen verantwortlich gemacht wird.

Alle Nüsse sind reich an pflanzlichen Proteinen, was bei vermindertem Fleischverzehr wichtig ist. Ballaststoffe enthalten sie außerdem, sowie reichlich Mineralien, Vitamine und Antioxidantien. Sie stärken das Immunsystem und machen trotz ihrer vielen Kalorien (500 bis 700 Kilokalorien pro 100 Gramm) nicht dick – sofern Sie es nicht übertreiben.

In der Tabelle sehen Sie die Nährwerte verschiedener Nusssorten pro 100 Gramm. Kalorien- und Fettgehalt, bisweilen auch der Gehalt an gesättigten Fettsäuren, mag hoch erscheinen. Bedenken Sie aber, dass Sie mit nur 30 Gramm pro Tag sehr viel bewirken können.

**Nährwerte Nüsse pro 100 g**

| NUSSART | kcal | E | F | GF | KH | Bal |
|---|---|---|---|---|---|---|
| Cashewkerne | 621 | 15 | 47 | 7,8 | 33 | 3 |
| Erdmandeln | 569 | 8 | 25 | 0,1 | 64 | 29 |
| Erdnüsse | 608 | 26 | 49 | 11,6 | 11 | 11 |
| Haselnüsse | 644 | 16 | 60 | 4,2 | 7 | 8 |
| Macadamianüsse | 798 | 8 | 76 | 11 | 14 | 13 |
| Mandeln | 639 | 21 | 56 | 3,8 | 7 | 11 |
| Paranüsse | 696 | 17 | 67 | 15,6 | 3 | 8 |
| Pinienkerne | 623 | 37 | 45 | 4,9 | 14 | 7 |
| Pistazien | 595 | 24 | 45 | 5,6 | 18 | 11 |
| Walnüsse | 723 | 16 | 71 | 6,5 | 6 | 5 |

## Was soll ich essen?

In der Nahrungsmittelpyramide können Sie auf einen Blick erkennen, wovon Sie wie viel essen sollten. In der größten Stufe, ganz unten, befinden sich Nahrungsmittel, von denen Sie viel essen können; je höher und je kleiner die Segmente werden, desto sparsamer sollten Sie mit den Nahrungsmitteln umgehen.

Sparsam: Wurstwaren und Süßigkeiten

Mäßig: ein- bis zweimal wöchentlich Fleisch oder Geflügel, ein- bis zweimal wöchentlich fetter Fisch, einmal wöchentlich ein Ei

Nicht zu oft: Milch und Milchprodukte. Fettreiche Käsesorten enthalten viel gesättigte Fettsäuren, die Sie meiden sollten.

Oft: Buntes, frisches Gemüse mit gutem Öl zubereitet, gerne mit Pilzen, gehört täglich, am besten zwei Mal auf den Tisch! Obst ebenfalls täglich, jedoch in kleineren Portionen.

Immer: Bevorzugen Sie Vollkornprodukte, essen Sie Hülsenfrüchte und gönnen Sie sich eine Handvoll Nüsse.

# Zum Umgang mit diesem Buch

Zusätzlich zu den üblichen Nährwertangaben habe ich auch die Menge der gesättigten Fettsäuren (GF) angeführt. So haben Sie einen besseren Überblick, wie viel der jetzt ungünstigen Fettsäuren Sie zu sich nehmen – mehr als 20 Gramm pro Tag sollten es nicht sein. Außerdem finden Sie die Ballaststoffe (Bal) angeführt. So sehen Sie, wie viel von diesem wichtigen Bestandteil der Ernährung pro Portion in Ihrer Mahlzeit enthalten ist. Denn zu wenig Ballaststoffe sind mitverantwortlich für Darmprobleme, was sich wiederum auf Ihren Cholesterinspiegel auswirkt.

Achten Sie bitte darauf, für wie viele Portionen das jeweilige Rezept konzipiert ist. Bei den meisten Rezepten habe ich zwei Portionen angenommen. Einige eignen sich gut zum Aufbewahren oder Einfrieren, davon gibt es dann vier Portionen, andere Rezepte können Sie bei Bedarf entsprechend multiplizieren.

Gemüse wird, außer beim Anbraten, gedämpft, da beim Kochen in Wasser, welches weggeschüttet wird, zu viele der wertvollen Inhaltsstoffe verloren gehen. Man verwendet dafür einen sogenannten Dampfgareinsatz, auch als Gemüsedämpfer oder Dämpfkorb im Handel. Er passt sich der Topfgröße an und wird in Aluminium oder Kunststoff für wenig Geld in Kaufhäusern, Supermärkten und im Internet angeboten.

Die Backzeiten können je nach Hersteller Ihres Backofens variieren. Bei der Verwen-

dung von Gasherden informieren Sie sich bitte in der Gebrauchsanleitung des Herstellers.

Nützlich für cremige Suppen ist ein Standmixer. Sie können aber auch mit einem Pürierstab (Stabmixer, Zauberstab) arbeiten – damit dauert es nur etwas länger.

Da einige grundsätzliche Dinge für alle Rezepte gelten, möchte ich sie hier zusammenfassen:

- Bei Milch und Milchprodukten habe ich fettarme Varianten gewählt – mit circa 1,5 Prozent bei Milch und Joghurt sowie 10 oder 20 Prozent bei Quark. Es gibt allerdings Studien, wonach Vollmilch das HDL-Cholesterin (das »gute«) ansteigen lassen könnte. Verlässliche Empfehlungen sind aber noch nicht bekannt. Verwenden Sie, wenn Ihnen das besser schmeckt, fettreichere Produkte in Maßen. Sollten Sie abnehmen müssen, bleiben Sie besser bei den fettreduzierten Lebensmitteln.

Der Gehalt an Vitamin A, E und D ist bei Vollmilchprodukten etwas höher. Wählen Sie nach Möglichkeit Frischmilch, denn homogenisierte Milch hat fast keine Vitamine mehr.

- Die Mengenangaben bei Gemüse und Obst beziehen sich auf ungeputzte Ware, sofern nichts anderes angegeben ist.
- Bei der Angabe von Zwiebeln sind Exemplare von circa 100 Gramm gemeint. Kleine Zwiebeln wiegen etwa 75, große Zwiebeln 150 Gramm.
- 1 Esslöffel Öl schlägt bei den Nährwertberechnungen mit 15 Gramm zu Buche, 1 Teelöffel mit 5 Gramm.
- Eine Banane hat geschält etwa 100 Gramm.
- Paprikaschoten, wovon Sie viele essen können, dürfen immer groß sein und circa 250 Gramm wiegen.
- Das Gewicht einer Lauchzwiebel beträgt etwa 25 Gramm. Vier Stängel können durch eine Zwiebel ersetzt werden.
- Ein Stängel Petersilie wird mit 10 Gramm berechnet und entspricht etwa 1 Esslöffel Tiefkühlpetersilie.
- Als Basis für Suppen oder Eintöpfe verwende ich Gemüsebrühe als Fertigprodukt. Bevorzugen Sie bitte ein Bioprodukt ohne Hefe, Zucker und sonstige Zusatzstoffe. Dieses bekommen Sie auch in Supermärkten. Für 250 Milliliter Wasser benötigen Sie etwa 10 Gramm Pulver – das entspricht einem gehäuften Teelöffel.
- Für Salate verwende ich fast immer Apfelessig, da dieser als sehr bekömmlich und gesund gilt. Sie können gerne andere Sorten nach Ihren Vorlieben wählen.
- Öle werden in der cholesterinkontrollierten Ernährung immer in der kalt gepressten Variante verwendet. Diese wird bei geringer Hitze und ohne Chemikalien schonend hergestellt. So bleiben Vitamine und ungesättigte Fettsäuren erhalten. Zum starken Erhitzen sind sie allerdings weniger geeignet, daher wird bei unseren Rezepten immer mild erhitzt.

Abkürzungen in den Rezepten:
EL: Esslöffel
TL: Teelöffel
TK: Tiefkühlkost
g: Gramm
ml: Milliliter
l: Liter
Msp.: Messerspitze

Bei jedem Rezept finden Sie ausführliche Nährwertangaben. »Kcal« steht hierbei für Kalorien, »E« für Eiweiß, »F« für Fett, »KH« für Kohlenhydrate und »Bal« für die Ballaststoffe. Zusätzlich finden Sie in Klammern die Werte für gesättigte Fettsäuren (GF), welche Sie meiden sollten.

Alle Nährwerte in den Rezepten und Tabellen sind mit dem Rezeptrechner PRO by Choose your Level (www.rezeptrechner.de) berechnet.

# FRÜHSTÜCK, SNACKS UND AUFSTRICHE

Schon bei der ersten Mahlzeit des Tages können Sie etwas gegen Ihre zu hohen Cholesterinwerte tun. Meine Rezeptvorschläge sind vollgepackt mit Ballaststoffen, Pflanzenfarbstoffen und Nüssen. Diese Inhaltsstoffe wirken gegen das schädliche LDL-Cholesterin und positiv auf das HDL-Cholesterin. Müsli, Porridge und Aufstriche können Sie gut vorbereiten und teilweise sogar mitnehmen, wenn Sie morgens noch nichts essen mögen.

# Hüttenkäse mit Nüssen und Johannisbeeren

**Für 2 Portionen**
**Pro Portion: 373 kcal | 17,9 g E | 20,7 g F (davon 4,4 g GF) | 24,6 g KH | 8,9 g Bal**

## ZUTATEN

200 g Johannisbeeren (am besten dunkle)
50 g Walnüsse
150 g fettarmer Joghurt
150 g Hüttenkäse
2 TL Honig

1. Johannisbeeren waschen, abtropfen lassen und die Beeren von den Stängeln zupfen.
2. Die Walnüsse grob hacken und nach Belieben in einer beschichteten Pfanne ohne Fett unter Rühren rösten.
3. Joghurt auf 2 Schüsseln verteilen und den Hüttenkäse darüberlöffeln. Mit Johannisbeeren und Walnüssen bestreuen. Den Honig darübergeben.

**INFO:** Wenn die Früchte sehr sauer sind, können Sie mit etwas Honig süßen. Mehr als 1-2 TL sollten es aber nicht sein, da der hohe Zuckergehalt von 75 Prozent nicht gut für die Leber ist.

# Overnight Oats mit Bananen und Beeren

**Für 2 Portionen**

**Pro Portion: 384 kcal | 16,2 g E | 10,2 g F (davon 2,7 g GF) | 52,3 g KH | 12,3 g Bal**

## ZUTATEN

- 80 g Haferflocken
- 200 ml fettarme Milch
- 75 g Quark (20 % Fett)
- 2 EL Leinsamen
- 200 g Heidelbeeren oder Brombeeren
- 1 Banane

1. Am Vorabend Haferflocken, Milch, Quark und Leinsamen auf 2 verschließbare Gläser verteilen und verrühren. Die Gläser sollten so groß sein, dass später das Obst obenauf Platz hat. Bis zum Morgen im Kühlschrank quellen lassen.
2. Die Beeren waschen, verlesen und gut abtropfen lassen. Die Banane schälen und in Scheiben schneiden. Beides auf den Haferflocken verteilen.

**INFO:** Alle Beeren gehören trotz ihres Zuckergehalts zu den Top Ten einer gesunden Ernährung. Sie enthalten Ellagsäure (Gerbstoffe), die Schadstoffe aus der Umwelt und aus der Lebensmittelverarbeitung neutralisiert. Zudem sind sie sehr mineralstoffreich und punkten mit jeder Menge Pflanzenfarbstoffen. Die Anthocyane, die in blauen und roten Früchten enthalten sind, schützen Gelenke, Augen, Haut und Nieren.

**TIPP:** Overnights sind ein ideales Frühstück für alle, die es morgens eilig haben und lieber unterwegs frühstücken. Sie können sie abends vorbereiten und brauchen die Gläser nur noch aus dem Kühlschrank nehmen und das Obst darauf verteilen. Toppen Sie die Haferflocken auch mal mit anderen Beeren oder anderem Obst und streuen Sie nach Belieben Nüsse oder Kerne darüber.

# Birchermüsli

**Für 2 Portionen**
**Pro Portion: 337 kcal | 9,9 g E | 15,2 g F (davon 1,6 g GF) | 37,7 g KH | 5,7 g Bal**

## ZUTATEN

- 80 g Haferflocken
- ¼ l Wasser
- 1 mittelgroßer Apfel
- ½ Zitrone
- 50 ml fettarme Milch, Joghurt oder ungesüßter Mandeldrink
- 40 g gemahlene Haselnüsse

**TIPP:** Zum Grundrezept für das Birchermüsli können Sie natürlich auch nach Belieben Beeren, Trockenobst, Nüsse oder Joghurt geben.

1. Die Haferflocken mit Wasser verrühren und über Nacht im Kühlschrank quellen lassen.
2. Den Apfel heiß waschen und mit der Schale auf der feinen Seite der Reibe zu den Haferflocken reiben. (Alternativ in kleine Würfel schneiden.)
3. Die Zitrone auspressen und den Saft unterrühren. Anschließend mit Milch und den gemahlenen Haselnüssen vermischen.

**INFO:** Das Birchermüsli ist die Urmutter aller Müslis. Erfunden hat es der Schweizer Arzt Max Bircher-Benner (1867–1939), der als Pionier vegetarischer Vollwerternährung gilt. Er ließ das Müsli zunächst abends in seiner Klinik servieren. Noch heute beziehen sich Kliniken und Heilpraktiker auf seine Lehre. Die »Apfeldiätspeise«, wie Bircher-Benner das Müsli zunächst nannte, kommt mittlerweile in vielerlei Arten auf unsere Frühstückstische.

# Quarkcreme mit Orangen und Kernen

**Für 2 Portionen**
**Pro Portion: 349 kcal | 20,4 g E | 10,0 g F (davon 5,4 g GF) | 22,0 g KH | 4,1 g Bal**

## ZUTATEN

- 250 g Quark (20 % Fett)
- 50 ml Mineralwasser mit Kohlensäure
- 1 EL Honig
- 1 Prise Salz
- 50 g gemischte Kerne, z. B. Sonnenblumen-, Kürbis- und Walnusskerne
- 2 kleine Bio-Blutorangen

1. Quark mit Mineralwasser, Honig und Salz glatt rühren und auf 2 Teller oder Schüsseln verteilen.
2. Die Kerne in einer beschichten Pfanne ohne Fett unter ständigem Rühren rösten.
3. Die Orangen heiß waschen, abtrocknen und 1 TL Schale fein abraspeln. Beide Orangen so schälen, dass wenig weiße Haut übrig bleibt und in Scheiben oder Spalten schneiden.
4. Orangen und Kerne auf dem Quark verteilen und mit Orangenschalenraspeln bestreuen.

**INFO:** Blutorangen sind hauptsächlich im Januar auf unseren Märkten zu finden. Sie gelten als extra stärkend für das Immunsystem. Der besonders hohe Anteil an Pflanzenfarbstoffen begünstigt außerdem den Stoffwechsel. Es sieht zwar viel schöner aus, wenn Sie die weiße Haut entfernen, schmeckt auch purer nach Orange – gerade in der Haut aber sind nützliche Inhaltsstoffe, zum Beispiel Ballaststoffe, welche gegen hohe Cholesterinwerte helfen.

# Quark mit Obst und knusprigen Haferflocken

**Für 2 Portionen**
**Pro Portion: 351 kcal | 16,9 g E | 14,2 g F (davon 4,7 g GF) | 37,3 g KH | 3,0 g Bal**

## ZUTATEN

40 g Haferflocken
1 EL Honig
250 g Quark (20 % Fett)
1 EL Leinöl
Salz
300 g Obst nach Belieben, z. B. Erdbeeren, Weintrauben oder Melone

1. Die Haferflocken in einer beschichteten Pfanne ohne Fett unter Rühren goldgelb anrösten. Pfanne vom Herd nehmen und Haferflocken mit Honig beträufeln. Verrühren und flach auf einem Teller ausbreiten. Abkühlen lassen.
2. Quark mit Leinöl und einer Prise Salz in einer Schüssel verrühren.
3. Das Obst waschen und je nachdem, welche Sorte Sie wählen, schälen, verlesen, entkernen und in mundgerechte Stücke schneiden.
4. Obst auf dem Quark anrichten, die Haferflocken-Masse in Stücke brechen und darüberstreuen.

**INFO:** Quark gibt es mit verschiedenen Fettgehalten. Damit variiert auch der Kaloriengehalt und der Gehalt an gesättigten Fettsäuren: Quark mit 40 % Fett hat 144 kcal und 6,7 g GF; bei Quark mit 20 % Fett sind es 97 kcal und 3,0 g GF; Magerquark (weniger als 10 % Fett) hat 68 kcal und gar keine gesättigten Fettsäuren.

# Haferbrei – ganz schnell

**Für 2 Portionen**
**Pro Portion: 314 kcal | 9,0 g E | 5,5 g F (davon 1,0 g GF) | 52,3 g KH | 7,6 g Bal**

## ZUTATEN

- 80 g Haferflocken, -schrot oder -kleie
- 200 ml Wasser, Milch oder ungesüßter Mandeldrink
- 1 Banane
- 1 Apfel
- 20 g Trockenobst
- 20 g Sonnenblumenkerne

1. Haferflocken und Wasser (nach Belieben kochend) in eine kleine Schüssel geben und 15 Minuten quellen lassen.
2. In der Zwischenzeit die Banane schälen und mit einer Gabel zerdrücken. Den Apfel schälen und auf einer feinen Reibe reiben.
3. Trockenobst nach Bedarf klein schneiden, Sonnenblumenkerne nach Belieben in einer beschichteten Pfanne ohne Fett rösten.
4. Alle Zutaten zu einem Brei mischen und kalt oder noch warm genießen.

**INFO:** Ob zum Frühstück oder als kleine Mahlzeit unterwegs: So bekommen Sie alle Vorteile des Hafers: Energie, Ausdauer, gute Laune und vor allem etwas für Ihren Cholesterinspiegel! Denn im Hafer ist viel Beta-Glucan enthalten, welches das schädliche LDL-Cholesterin in Ihrem Darm blockiert.

# Schokoladenporridge mit Banane

**Für 2 Portionen**
**Pro Portion: 372 kcal | 15,3 g E | 9,7 g F (davon 4,8 g GF) | 53,2 g KH | 5,0 g Bal**

## ZUTATEN

300 ml fettarme Milch oder ungesüßter Mandeldrink
Salz
1 EL Kakaopulver in Rohkostqualität
70 g Haferflocken
1 Banane
150 g fettarmer Naturjoghurt
20 g zartbittere Schokoladen-Nibs

1. Die Milch mit 1 Prise Salz in einen kleinen Topf geben und aufkochen lassen. Kakaopulver mit einem Schneebesen einrühren und die Haferflocken dazugeben. 3 Minuten auf kleiner Flamme kochen lassen, anschließend quellen und dabei abkühlen lassen.
2. Die Banane schälen und in Scheiben schneiden.
3. Den Joghurt unter den Porridge rühren, auf 2 kleine Schüsseln verteilen und mit Bananenscheiben und Schokoladen-Nibs belegen.

**INFO:** Unter der Bezeichnung Kakao in Rohkostqualität oder Rohkakao finden Sie schonend fermentierten Kakao im Handel. Daraus hergestellte dunkle Schokolade (mit mindestens 70 % Kakaoanteil) enthält Enzyme, die zur Herstellung des HDL-Cholesterins in der Leber verwendet werden. Guter Kakao hilft, Ihr »gutes« HDL-Cholesterin zu verbessern.

# Erdnusscreme

**Für ca. 20 Portionen (je 1 EL)**
**Pro Portion: 88 kcal | 3,3 g E | 7,4 g F (davon 1,7 g GF) | 1,4 g KH | 1,4 g Bal**

## ZUTATEN

250 g geschälte ungesalzene Erdnüsse
2 EL Erdnussöl oder Rapsöl
1 TL Salz

1. Erdnüsse in einer beschichteten Pfanne ohne zusätzliches Fett leicht anrösten – das macht ihr Aroma intensiver.
2. Mit Öl und Salz in einen Universalmixer geben und cremig rühren. Je nach Mixer kann das bis zu 1 Minute dauern. Dazwischen eventuell pausieren, damit der Motor nicht heiß läuft.
3. In ein vorbereitetes Schraubglas (ca. 250 ml Inhalt) füllen und im Dunkeln, nicht im Kühlschrank, aufbewahren. Hält sich – immer wieder gut verschlossen – etwa 2 Monate.

**TIPP:** Wenn Sie die Erdnusscreme etwas bissfester mögen, entnehmen Sie dem Mixer nach den ersten 10 Sekunden 2 EL grob zerkleinerte Erdnüsse. Mischen Sie diese nach dem Cremigrühren wieder unter.

Die Erdnusscreme können Sie nach Belieben mit Aroma wie Vanille, Currypulver oder Kakao verfeinern.

Sie schmeckt nicht nur aufs Brot gestrichen, sondern kann auch zum Beispiel mit Apfelmus vermischt werden. Das ergibt eine leckere Füllung für Pfannkuchen oder eine Beilage zu gebratenem Geflügel.

**INFO:** Erdnüsse, die eigentlich zur Familie der Hülsenfrüchte gehören, enthalten viel Folsäure und Biotin, Eiweiß, Kalium und Calcium. Mit 49 % mehrfach ungesättigter Fettsäuren gelten sie als gute Cholesterinsenker.

# Leinsamen-Pudding mit Beerenobst

**Für 2 Portionen**

**Pro Portion: 365 kcal | 13,4 g E | 20,6 g F (davon 3,1 g GF) | 25,8 g KH | 11,7 g Bal**

## ZUTATEN

- 50 g Leinsamen oder Leinsamenschrot
- 200 ml fettarme Milch, Sojadrink oder ungesüßter Mandeldrink
- 30 g Walnüsse
- 200 g Obst nach Belieben, z. B. Erdbeeren
- 100 g fettarmer Naturjoghurt
- 2 TL Honig oder Sirup, zum Beispiel Ahornsirup

1. Ganze Leinsamen z. B. in einem Universalzerkleinerer nicht allzu fein schroten. Mit der Milch verrühren und mindestens 8 Stunden, am besten über Nacht, im Kühlschrank quellen lassen. (Auch längere Quellzeiten sind möglich – dann aber zwischendurch umrühren.)
2. Walnüsse klein hacken. Das Obst waschen und – wenn erforderlich – in mundgerechte Stücke schneiden.
3. Leinsamen-Pudding mit Joghurt, gehackten Walnüssen und Honig verrühren und das Obst obenauf geben.

**TIPP:** Ganze Leinsamen halten länger als geschrotete, die schnell ranzig werden können. Allerdings können die Inhaltsstoffe bei der geschroteten Variante besser aufgenommen werden. Leinsamen sind eine vollwertige heimische Alternative zu den in Mode gekommenen Chiasamen, mit denen Sie auf dieselbe Weise Pudding machen können.

Sie können sich mehrere Gläschen des Puddings auf Vorrat in den Kühlschrank stellen. Wenn die Samen länger quellen, eventuell etwas Milch zufügen.

**INFO:** Leinsamen, egal in welcher Form, als Pulver, geschrotet, ganz oder zu Leinöl gepresst, bestehen zu über 90 % aus Omega-3- und anderen ungesättigten Fettsäuren. Schon das wirkt sich gut auf Ihre Cholesterinwerte aus. Dazu kommt noch Phytosterin, ein Pflanzenfarbstoff, welcher mehr Cholesterin abbaut als aufgenommen und gebildet wird – und somit Ihre Cholesterinwerte senkt.

# Gebackene Haferflocken mit Pekannüssen

**Für 2 Portionen**
**Pro Portion: 450 kcal | 11,6 g E | 22,5 g F (davon 2,5 g GF) | 46,7 g KH | 7,0 g Bal**

## ZUTATEN

- 100 g grobe Haferflocken
- 200 ml Wasser
- Salz
- 1 große Banane (ca. 125 g geschält gewogen)
- 50 g Pekannüsse
- 1 Vanilleschote oder 1 TL Vanillepaste
- 100 ml fettarme Milch oder ungesüßter Mandeldrink
- 2 TL flüssiger Honig oder Marmelade nach Belieben

1. Die Haferflocken in eine Schüssel geben. Kochendes Wasser mit 1 Prise Salz zufügen und 15 Minuten quellen lassen.
2. Den Backofen auf 180 °C Ober-/Unterhitze (Umluft 160 °C) vorheizen.
3. Die Banane schälen und mit einer Gabel zerdrücken. Die Pekannüsse grob hacken.
4. Die Vanilleschote längs aufschlitzen und das Mark mit einem Löffel oder Messerrücken herausschaben.
5. Banane und Vanillemark (oder Vanillepaste) mit der Milch zu den Haferflocken geben und gut verrühren.
6. Die Haferflockenmasse in 2 flache feuerfeste Schalen (Ø ca. 11–14 cm) füllen und die Nüsse obenauf streuen. 25–30 Minuten im vorgeheizten Backofen backen, bis die Masse fest geworden ist.
7. Nach Belieben mit je 1 TL flüssigem Honig beträufeln oder mit Marmelade bestreichen.

**TIPP:** Gebackene Haferflocken sind bestens zum Mitnehmen geeignet. Dafür können Sie die Portionen einfach in Silikonförmchen backen – so eignen Sie sich auch zum Einfrieren. (Müsli oder Porridge würden sich nicht dafür eignen.)

Statt in Backformen können Sie die doppelte oder dreifache Menge der Haferflockenmasse etwa 2 cm hoch auf einem Backblech verstreichen und nach dem Auskühlen in Stücke schneiden.

# Birnen-Porridge

**Für 2 Portionen**
**Pro Portion: 339 kcal | 17,1 g E | 7,8 g F (davon 3,5 g GF) | 47,1 g KH | 5,7 g Bal**

## ZUTATEN

350 ml fettarme Milch oder ungesüßte Mandeldrink
Salz
75 g Haferflocken
1 TL gemahlener Zimt
250 g Birnen
100 g Quark (20 % Fett)
etwas Honig nach Belieben

1. Die Milch mit 1 Prise Salz in einen kleinen Topf geben und aufkochen lassen.
2. Haferflocken einrühren und unter Rühren auf kleiner Flamme 3 Minuten köcheln lassen. Den Zimt einrühren und den Porridge auf 2 kleine Schüsseln verteilen.
3. Die Birnen heiß waschen, vierteln und die Kerngehäuse entfernen. Nach Belieben einen Teil in Spalten schneiden, den Rest klein würfeln.
4. Quark und Birnenwürfel mit dem Porridge vermischen, die restlichen Birnen obenauf geben und nach Belieben mit etwas Honig beträufeln.

**INFO:** Wenn Sie Erdmandelflocken statt Haferflocken verwenden, kommen Sie auf etwa dreimal so viele Ballaststoffe. Leider sind sie auch mindestens dreimal so teuer.

In Bioläden und Reformhäusern finden Sie verschiedene andere Flockensorten, wie zum Beispiel Dinkelflocken, Reisflocken, Buchweizen- und Hirseflocken. Probieren Sie aus, was Ihnen am besten schmeckt. Reichlich Ballaststoffe bringen sie alle in Ihr Müsli oder Ihren Porridge.

# Walnuss-Schoko-Creme

**Für 10 Portionen (je 1EL)**
**Pro Portion: 96kcal|2,2g E|8,6g F (davon 1,4g GF)|2.0g KH|1,0g Bal**

## ZUTATEN

- 115g Walnüsse
- 25 dunkle Kuvertüre (mindestens 70 % Kakaoanteil)
- 1 TL Kakaopulver in Rohkostqualität
- 1 TL Walnuss- oder Olivenöl

1. Die Walnüsse in einer beschichteten Pfanne ohne Fett anrösten. Dadurch verstärkt sich ihr Aroma. Dann abkühlen lassen.
2. Nüsse am besten in einen leistungsstarken Mixer geben und pürieren, bis ein feines Mehl entstanden ist. Bei einem schwächeren Mixer öfter pausieren, damit die Maschine nicht heiß läuft.
3. Kuvertüre, Kakaopulver und Öl dazugeben und weiter mixen, bis die Masse cremig ist. In ein Schraubglas füllen und im Küchenschrank (nicht im Kühlschrank!) aufbewahren. Wenn die Creme länger haltbar sein soll, eine dünne Schicht Walnussöl obenauf geben.

**TIPP:** Die Creme passt nicht nur gut aufs Frühstücksbrot, Sie können Joghurt damit verfeinern, Smoothies anreichern oder einer Gemüsepfanne ein besonderes Aroma geben.

Für mehr Abwechslung können Sie Gewürze wie zum Beispiel Zimt, Kardamom oder Ingwer hinzufügen.

**INFO:** Neben Vitamin E und Kalium zeichnet Walnüsse ihr besonders hoher Gehalt an dreifach ungesättigter Alpha-Linolensäure aus. 7,5 Gramm sind es pro 100 Gramm, mehr als in allen anderen Nüssen. Diese Fettsäure schützt das Herz, senkt den Blutdruck, hält die Zellen elastisch und hilft, den Cholesterinspiegel zu regulieren.

# Rote-Bete-Aufstrich

**Für 20 Portionen (je 2 EL)**
**Pro Portion: 69 kcal | 1,9 g E | 5,6 g F (davon 0,5 g GF) | 2,2 g KH | 1,2 g Bal**

## ZUTATEN

- 300 g Rote Bete (vorgekocht und vakuumiert)
- 2 Knoblauchzehen
- Saft von ½ Orange (am besten Blutorange)
- 150 g gemahlene Mandeln
- 1 TL gemahlener Kreuzkümmel
- 2 EL Olivenöl
- Salz, Pfeffer
- Granatapfelkerne nach Belieben zum Bestreuen

1. Die Roten Beten aus der Packung nehmen und in Würfel schneiden. Die Knoblauchzehen schälen und durch eine Knoblauchpresse drücken. Die halbe Orange auspressen.
2. Alle Zutaten im Mixer oder mit dem Pürierstab zu einer geschmeidigen Paste verarbeiten. Eventuell noch etwas Orangensaft hinzufügen – denn das Gemüse enthält mal mehr, mal weniger Wasser.
3. Creme in eine Schüssel geben und mit Salz und Pfeffer kräftig abschmecken. Nach Belieben mit Granatapfelkernen bestreuen. In einem gut verschließbaren Gefäß hält der Aufstrich im Kühlschrank 2–3 Tage.

**TIPP:** Nicht nur Rote Bete eignet sich für einen Gemüseaufstrich. Sie können zum Beispiel auch 300 g tiefgekühlte Erbsen pürieren oder 200 g reife Avocados mit ca. 150 g Kichererbsen aus der Dose.

**INFO:** Rote Beten sind eines der gesündesten Gemüse überhaupt. Der rot färbende Pflanzenfarbstoff Betain stimuliert Leber und Gallenblase stark und wirkt dadurch positiv auf den Cholesterinspiegel.

Noch wertvoller sind die Blätter der Rüben mit ihren Inhaltsstoffen. Deshalb öfter mal statt vorgekochter Roter Bete die rohen Exemplare verwenden und im Ganzen ungeschält in ca. 45–55 Minuten weich kochen. Dann abkühlen lassen, schälen (Hände vor der roten Farbe schützen!) und weiterverarbeiten. Die frischen Blätter können Sie fein hacken und wie Petersilie verwenden oder in einem Smoothie mit verarbeiten.

# Kürbisbrot mit Haferflocken und Nüssen

**Für 16 Scheiben**
**Pro Scheibe: 174 kcal | 6,5 g E | 4,8 g F (davon 0,7 g GF) | 24,6 g KH | 3,4 g Bal**

## ZUTATEN

- 250 g Hokkaido-Kürbis
- 60 g Walnüsse
- 450 g Dinkelvollkornmehl
- 1 Päckchen Trockenhefe
- 100 g Haferflocken
- 1 TL Salz
- 250 ml fettarmer Naturjoghurt
- 100 ml Wasser
- 2 EL Apfelessig
- 20 g Kürbiskerne

1. Das Kürbisstück waschen und entkernen. Mit der Schale grob raspeln. Die Walnüsse grob hacken.
2. Kürbisraspel, Dinkelmehl, Trockenhefe, 80 g Haferflocken, Salz, Joghurt, Wasser und Apfelessig in eine Schüssel geben und mit dem Knethaken des Handrührgeräts zu einem nicht allzu festen Teig kneten. (Alternativ mit einer Küchenmaschine arbeiten.)
3. Den Teig 45 Minuten an einem warmen Ort gehen lassen. Anschließend die Walnüsse und Kürbiskerne einarbeiten.
4. Den Backofen auf 220 °C Ober-/Unterhitze (200 °C Umluft) vorheizen. Den Teig in eine mit Backpapier ausgelegte Kastenform oder eine Silikonform (ca. 25 cm Länge) geben, mit den restlichen Haferflocken bestreuen und diese leicht andrücken.
5. 10 Minuten bei 220 °C backen, dann die Hitze auf 180 °C (160 °C Umluft) reduzieren und 40–45 Minuten backen. Aus der Form heben und auf dem Gitterrost vollständig auskühlen lassen.

**INFO:** Kürbiskerne sowie deren Öl können – regelmäßig genossen – den Cholesterinspiegel senken und sind auch gut für andere Beschwerden. So profitiert die Prostata von Kürbiskernen und auch Ihr Blutdruck kann reguliert werden. Sportler wissen, dass Kürbiskerne viel Magnesium enthalten – ein feiner Snack!

Hokkaido-Kürbisse, die mit Schale gegessen werden, haben außerordentlich viele Ballaststoffe, was auch gut gegen hohe Cholesterinwerte wirkt.

# Hummus

**Für 6 Portionen**
**Pro Portion (ca. 50g): 107kcal | 3,0g E | 7,0g F (davon 0,8g GF) | 6,8g KH | 2,9g Bal**

## ZUTATEN

- 2 Knoblauchzehen
- 1 kleine Dose Kichererbsen (265g Abtropfgewicht)
- 1–2 EL Zitronensaft
- 2 EL Raps- oder Sesamöl
- 1 EL Sesampaste (Fertigprodukt aus dem Bioladen)
- Salz, Pfeffer
- 1 TL Paprikapulver nach Belieben

1. Die Knoblauchzehen schälen und sehr klein würfeln oder durch eine Knoblauchpresse drücken.
2. Alle Zutaten in einen Mixer geben und zu einer Creme pürieren. Anschließend mit Salz, Pfeffer und je nach Geschmack noch mehr Zitronensaft abschmecken.
3. Nach Belieben mit Paprikapulver bestreuen, eventuell einige Kichererbsen obenauf geben und mit etwas Öl beträufeln.

# SALATE UND BOWLS

Salate sind die beste Gelegenheit, Ihre Ernährung mit den nützlichen Omega-3-Fettsäuren in Form von Olivenöl und anderen kalt gepressten Pflanzenölen anzureichern. Dazu kommen nicht nur grünes Blattwerk, sondern auch viele nützliche Stoffe, um Ihre LDL-Cholesterinwerte zu senken: Ballaststoffe in Hülsenfrüchten und Reis sowie besonders wirksame Gemüsesorten. Bestreuen Sie Ihre Salate auch einmal mit Nüssen und Kernen – das bringt noch einen besonderen Geschmacks- und Gesundheitskick. In Form von Bowls können Sie Ihren Salat auch als Mittagsmahlzeit in einer gut verschließbaren Box mitnehmen.

# Rote-Bete-Salat mit Orangen

**Für 2 Portionen**
**Pro Portion: 242 kcal | 5,4 g E | 10,8 g F (davon 1,5 g GF) | 27,1 g KH | 7,5 g Bal**

## ZUTATEN

- 1 große Orange
- 50 g Salatmischung, zum Beispiel Rucola und Radicchio
- 300 g Rote Bete (vorgekocht und vakuumiert)
- 1 EL Sesamsaat
- 1 TL scharfer Senf
- 1 TL Honig
- 2 EL Apfelessig
- 1 EL Oliven- oder Sesamöl
- ½ TL Kümmel
- Salz, Pfeffer

1. Die Orange so schälen, dass wenig weiße Haut übrig bleibt. In dünne Scheiben schneiden.
2. Salat – wenn erforderlich – waschen, putzen und gut abtropfen lassen. Auf 2 Teller verteilen und die Orangenscheiben darauflegen.
3. Die Roten Beten aus der Packung nehmen, in Scheiben schneiden und zwischen die Orangenscheiben legen. Mit Sesamsaat bestreuen.
4. Aus den übrigen Zutaten in einer kleinen Schüssel mit dem Schneebesen ein cremiges Dressing rühren und getrennt zum Salat reichen.

**INFO:** Bitterstoffe, wie in vielen Salatsorten enthalten, sind nicht nur für die Fettverdauung gut, sondern wirken sich auch auf den Cholesterinspiegel aus, da zur Herstellung von Gallenflüssigkeit Cholesterin benötigt und damit verbraucht wird.

# Quinoa-Salat mit Brokkoli und Radieschen

**Für 2 Portionen**
**Pro Portion: 531 kcal | 15,9 g E | 30,6 g F (davon 3,0 g GF) | 40,0 g KH | 15,7 g Bal**

## ZUTATEN

- 80 g rote Quinoa (alternativ weiße oder gemischte)
- 700 ml Wasser
- 200 g Brokkoli
- 200 g Radieschen (geputzt gewogen)
- 40 g ungeschälte Mandeln
- 3 EL Apfelessig
- 1 EL süßer Senf
- Salz, Pfeffer
- 2 EL kalt gepresstes Oliven- oder Rapsöl
- 1 kleine Dose Mais (ca. 140 g Abtropfgewicht)

**INFO:** Quinoa ist sehr ballaststoffreich und kann dazu beitragen, erhöhte LDL-Cholesterinwerte zu senken. Zudem enthält das Pseudogetreide reichlich essenzielles Eiweiß, Mineralstoffe und mehrfach ungesättigte Fettsäuren. Quinoa wird nicht mehr nur in den Anden angebaut, was teilweise zu zweifelhaften Anbaumethoden führt. Achten Sie deshalb auf Fairtrade- und Bioqualität. Oder verwenden Sie einheimische Hirse statt Quinoa.

1. Quinoa mit 250 ml Wasser in einen kleinen Topf geben, aufkochen und dann auf sehr kleiner Flamme 12–15 Minuten quellen lassen, bis alle Flüssigkeit aufgesogen ist. Anschließend offen ausdampfen lassen.
2. Brokkoli in mundgerechte Röschen teilen, den Stiel putzen, schälen und würfeln.
3. Das restliche Wasser in einen Topf mit Dampfgareinsatz füllen, den Brokkoli in den Einsatz geben und zugedeckt 10 Minuten bissfest dämpfen.
4. Die Radieschen putzen, waschen und in dünne Scheiben schneiden. Die Mandeln hacken und – nach Belieben – in einer beschichteten Pfanne ohne Fett rösten.
5. Aus Apfelessig, Senf, Salz, Pfeffer und Olivenöl in einer Salatschüssel mit dem Schneebesen ein cremiges Dressing rühren. Mais und Quinoa mit dem Dressing vermischen.
6. Brokkoli, Radieschen und Mandeln unterheben. Mit Salz, Pfeffer und eventuell mehr Essig abschmecken.

# Brokkolisalat mit Äpfeln und Möhren

**Für 2 Portionen**
**Pro Portion: 421 kcal | 11,2 g E | 24,9 g F (davon 3,1 g GF) | 31,3 g KH | 13,9 g Bal**

## ZUTATEN

- 500 g Brokkoli
- 500 ml Wasser
- 3 EL Apfelessig
- 2 EL Olivenöl
- Salz, Pfeffer
- 1 kleine rote Zwiebel
- 150 g Möhren
- 1 mittelgroßer Apfel
- 25 g Pekannüsse oder Walnüsse
- 25 g getrocknete Cranberrys

1. Brokkoli waschen und die Röschen in mundgerechten Stücken vom Stängel schneiden. Stängel – wenn erforderlich – schälen und in Würfel schneiden. Einen Dampfgareinsatz in einen geeigneten Topf mit Deckel geben, Wasser einfüllen und zuerst die Brokkoliwürfel, dann die Röschen in den Einsatz legen. Etwa 10 Minuten bissfest garen, dann offen ausdampfen lassen.
2. In der Zwischenzeit aus Apfelessig, Olivenöl, Salz und Pfeffer in einer Salatschüssel mit dem Schneebesen ein cremiges Dressing rühren.
3. Die Zwiebel abziehen, längs halbieren und in feine Ringe schneiden. Mit dem Dressing vermischen.
4. Möhren schälen, putzen und in feine Streifen (Juliennes) schneiden oder auf der groben Seite der Reibe raspeln. Apfel waschen, vierteln, Kerngehäuse entfernen und das Fruchtfleisch in schmale Spalten schneiden. Beides ebenfalls mit dem Dressing vermischen.
5. Den gedämpften Brokkoli unterheben und alles 5–10 Minuten durchziehen lassen.
6. Die Pekannusskerne ganz lassen oder grob hacken und zusammen mit den Cranberrys über den Salat streuen.

**TIPP:** Sie können den Salat mit 1–2 EL Kürbiskernöl beträufeln. Dieses Öl ist eine ursprünglich aus Österreich stammende Spezialität, die Sie auch hier in Supermärkten bekommen. Kürbiskernöl ist besonders reich an Vitamin E und enthält Phytosterole, die eine Senkung des Cholesterinspiegels bewirken.

# Linsensalat mit Radieschen und Quark

**Für 2 Portionen**

**Pro Portion: 377 kcal | 19,0 g E | 19,4 g F (davon 4,5 g GF) | 27,7 g KH | 8,4 g Bal**

## ZUTATEN

- 1 Dose Tellerlinsen (ca. 265 g Abtropfgewicht)
- 3 EL Apfelessig
- 2 EL Olivenöl
- Salz, Pfeffer
- 200 g Radieschen (geputzt gewogen)
- 4 Stängel Lauchzwiebeln
- 150 g fettarmer Quark
- 2 EL Schnittlauch in Röllchen

**TIPP:** Sie können für diesen Salat auch Schafskäse verwenden. Dieser hat einen Fettgehalt von ca. 30 g pro 100 g, wovon 11,3 g gesättigte Fettsäuren sind, welche Sie meiden sollten. Natürlich müssen Sie nicht auf alles verzichten, was Sie bisher gerne gegessen haben. Versuchen Sie aber auf die Tagesbilanz oder Wochenbilanz beim Konsum der gesättigten Fettsäuren (enthalten hauptsächlich in tierischen Produkten) zu achten.

1. Die Linsen in ein Sieb schütten, kalt abbrausen und abtropfen lassen.
2. Aus Apfelessig, Olivenöl, Salz und Pfeffer in einer Salatschüssel mit dem Schneebesen ein Dressing rühren. Die Linsen dazugeben, vermischen und durchziehen lassen.
3. In der Zwischenzeit die Radieschen putzen, waschen und in feine Scheiben schneiden. Die Lauchzwiebeln abziehen, putzen und mit viel Grün in Ringe schneiden.
4. Radieschen und Lauchzwiebeln mit den Linsen vermischen. Den Quark mit einem TL darüberlöffeln und den Salat mit Schnittlauch bestreuen.

# Ananas-Bowl mit Reis und Nüssen

**Für 2 Portionen**
**Pro Portion: 548 kcal | 8,3 g E | 27,6 g F (davon 3,7 g GF) | 64,2 g KH | 5,8 g Bal**

## ZUTATEN

- 80 g Langkornreis
- 160 ml Wasser
- Salz
- ½ Zitrone
- 2 EL Nussöl, z. B. Walnuss- oder Erdnussöl
- Salz, Pfeffer
- 4 Stängel Lauchzwiebeln
- 50 g Cashewkerne
- 300 g Ananas, geschält und geschnitten (aus dem Kühlregal)
- 150 g Cantaloupe-Melone

**TIPP:** Sie können den Reis schon am Vortag kochen und 24 Stunden abkühlen lassen. Denn abgekühlter Reis wirkt sich durch das Entstehen der sogenannten »resistenten Stärke« besonders positiv auf den Cholesterinspiegel aus (siehe Seite 20). Vorgekochter Reis (zum Beispiel 500 g in 1 l Wasser für ca. 14 Portionen à 100 g) hält sich 2–3 Tage im Kühlschrank und kann auch portionsweise eingefroren werden.

1. Den Reis in ein Sieb schütten und kalt abbrausen. Mit dem Wasser und 1 Prise Salz in einen kleinen Topf geben, aufkochen lassen und anschließend auf kleinster Flamme 10 Minuten dämpfen, bis Sie an der Oberfläche kleine Vertiefungen sehen. Reis mit einer Gabel auflockern und offen ausdampfen und abkühlen lassen.
2. Die halbe Zitrone auspressen. Aus 2 EL Zitronensaft, Nussöl, Salz und Pfeffer in einer kleinen Schüssel mit dem Schneebesen ein Dressing rühren.
3. Die Lauchzwiebeln abziehen, putzen und mit möglichst viel Grün in Ringe schneiden. Zum Dressing geben und durchziehen lassen.
4. Die Cashewkerne in einer beschichteten Pfanne ohne Fett rösten.
5. Gekochten Reis auf 2 Schüsseln verteilen. Ananas – nach Belieben – in kleine Würfel schneiden. Das Melonenstück in Spalten und diese in sehr dünne Scheiben schneiden.
6. Das Obst auf dem Reis verteilen und mit dem Dressing beträufeln. Mit den Cashewkernen bestreuen und den restlichen Zitronensaft getrennt dazu reichen.

# Dicke Bohnen mit Erdbeeren und Nüssen

**Für 2 Portionen**
**Pro Portion: 347 kcal | 15,2 g E | 22,0 g F (davon 4,2 g GF) | 17,7 g KH | 8,2 g Bal**

## ZUTATEN

300 g dicke Bohnen (TK oder aus dem Glas)
2 Stängel Basilikum oder Thymian
3 EL Apfelessig
2 EL Olivenöl
Salz, Pfeffer
250 g frische Erdbeeren
75 g Quark (20 % Fett)
20 g ungesalzene Erdnüsse
10 g Sesamsaat nach Belieben

1. Die Bohnen auftauen lassen oder aus dem Glas in ein Sieb schütten und abtropfen lassen.
2. Basilikum oder Thymian waschen, trocken schütteln und die Blätter von den Stängeln zupfen. Aus Apfelessig, Olivenöl, Salz und Pfeffer in einer geräumigen Schüssel mit dem Schneebesen ein Dressing rühren.
3. Bohnen und Kräuter dazugeben, vermischen und ziehen lassen.
4. In der Zwischenzeit die Erdbeeren waschen, entstielen und je nach Größe halbieren oder vierteln und unter die Bohnen heben.
5. Den Salat auf 2 Teller verteilen und den Quark mit einem TL darauf verteilen. Mit Erdnüssen und – nach Belieben – Sesamsaat bestreuen.

**TIPP:** Ab Juni bis etwa Mitte August bekommen Sie auf Märkten auch frische dicke Bohnen. Diese müssen erst gepalt und dann ca. 10 Minuten in kochendem Wasser gegart werden.

Sie können für diesen Salat auch mal Edamame versuchen. Das sind grüne, unreif geerntete Sojabohnen mit einem etwas süßlichen, nussigen Geschmack. Sie bekommen Edamame tiefgekühlt in Bioläden und Supermärkten.

# Porridge-Bowl mit Pilzen und Rucola

**Für 2 Portionen**
**Pro Portion: 377 kcal | 10,1 g E | 23,0 g F (davon 2,8 g GF) | 28,0 g KH | 8,7 g Bal**

## ZUTATEN

75 g Haferflocken
30 g Leinsamenschrot
250 ml Wasser
Salz
2 EL Olivenöl
2 EL Apfelessig
Pfeffer
50 g Radieschen (geputzt gewogen)
30 g Rucola
100 g Salatgurke
100 g Champignons
2 TL Leinsamen nach Belieben

1. Haferflocken und Leinsamenschrot mit Wasser und 1 Prise Salz in einen Topf geben, aufkochen und dann ohne Hitze zugedeckt 15 Minuten oder länger quellen lassen.
2. In der Zwischenzeit aus 1 EL Olivenöl, Apfelessig, Salz und Pfeffer in einer Schüssel mit dem Schneebesen ein Dressing rühren.
3. Die Radieschen waschen, putzen und in Scheiben schneiden. Rucola waschen, verlesen und mit Küchenpapier trocken tupfen. Gurke waschen und in feine Scheiben hobeln. Alles unter das Dressing heben.
4. Die Champignons mit Küchenpapier säubern und in Scheiben schneiden. Restliches Olivenöl in einer beschichteten Pfanne erhitzen und die Champignons anbraten.
5. Haferflockenmischung mit Salz und Pfeffer abschmecken, auf 2 Schüsseln verteilen und den Salat und die gebratenen Champignons daneben anrichten. Nach Belieben mit Leinsamen bestreuen.

**TIPP:** Da Leinöl mit etwa 60 % der essenziellen Omega-3-Fettsäure Alpha-Linolensäure (ALA) supergesund ist, können Sie es hier gut für das Dressing verwenden. Zum Anbraten der Champignons eignet es sich jedoch nicht – es darf nicht erhitzt werden.

# Möhren-Ingwer-Salat

**Für 2 Portionen**
**Pro Portion: 259 kcal | 2,4 g E | 20,9 g F (davon 2,2 g GF) | 12,7 g KH | 7,1 g Bal**

## ZUTATEN

500 g Möhren
25 g frischer Ingwer
1 Bio-Zitrone
3 EL Lein- oder Nussöl
Salz, Pfeffer
1 Zweig glatte Petersilie

1. Die Möhren schälen, putzen und auf der groben Seite der Reibe raspeln. Den Ingwer schälen und auf der feinen Seite der Reibe raspeln. Möhren und Ingwer in einer Schüssel gut vermischen.
2. Die Zitrone heiß waschen und 2 TL von der Schale abraspeln. Die Frucht auspressen (es sollen etwa 40 ml Saft sein).
3. In einer kleinen Schüssel aus Zitronensaft, Zitronenabrieb, Leinöl, Salz und Pfeffer mit dem Schneebesen ein Dressing rühren. Über die Möhren geben, gut vermischen und nach Möglichkeit 20–30 Minuten durchziehen lassen.
4. Die Petersilie waschen und die Blätter vom Stängel zupfen. Den Salat nochmals mit Salz abschmecken, auf 2 Teller verteilen und mit Petersilie bestreuen.

**INFO:** Sie können auch noch 1 Apfel zu den Möhren reiben. Denn die beiden sind ein Dream-Team, wenn es um die Senkung von zu hohen Cholesterinwerten geht. Das Pektin aus den Äpfeln bindet nämlich Gallensäure im Darm, welche die Leber dann aus vorhandenem Cholesterin neu bilden muss – dadurch sinkt der Cholesterinspiegel. Die kalorienarmen Möhren schützen durch ihre Pflanzenfarbstoffe vor Arteriosklerose und das Leinöl verringert durch seine kurzkettigen Omega-3-Fettsäuren (Alpha-Linolensäure, ALA) das Risiko für Herz-Kreislauf-Erkrankungen.

# Bohnensalat mit Paprika

**Für 2 Portionen**
**Pro Portion: 674 kcal | 11,7 g E | 16,8 g F (davon 2,2 g GF) | 26,2 g KH | 14,5 g Bal**

## ZUTATEN

- 1 Dose weiße Bohnen (ca. 240 g Abtropfgewicht)
- 1 rote Zwiebel
- 3 EL Apfelessig
- 2 EL Olivenöl
- Salz, Pfeffer
- 1 rote Paprikaschote
- 200 g Fleischtomaten
- 2 Stängel glatte Petersilie
- 2 EL Schnittlauch in Röllchen

**INFO:** Die Flüssigkeit aus Bohnen-Konserven ist kein Abfall. Im Gegenteil: Sie enthält reichlich Proteine. Auch wenn Sie die Bohnen selbst kochen, können Sie das Kochwasser, wie das aus den Dosen, verwenden, um Salatdressings oder Suppen cremiger zu machen.

Veganer verwenden das Kochwasser von Hülsenfrüchten, das sogenannte Aquafaba (lat.: aqua = Wasser, faba = Bohne), als Ei-Ersatz und frieren es zum Aufbewahren in Eiswürfelbehältern ein.

1. Die Bohnen durch ein Sieb abgießen und dabei das Bohnenkochwasser auffangen.
2. Die Zwiebel abziehen und klein würfeln. 2–3 EL Bohnenwasser, Apfelessig, Olivenöl, Salz und Pfeffer in eine Salatschüssel geben und mit dem Schneebesen ein cremiges Dressing rühren. Die Zwiebelwürfel einrühren.
3. Die Paprikaschote waschen, putzen und würfeln. Die Tomaten waschen, halbieren, Stielansätze und Kerne entfernen und das Fruchtfleisch würfeln. Die Petersilie waschen, trocken schütteln, die Blätter von den Stängeln zupfen und hacken.
4. Alle Zutaten mit dem Zwiebeldressing vermischen, auf 2 tiefe Teller verteilen und mit Schnittlauch bestreuen.

# Couscous-Salat mit Erbsen und Avocado

**Für 2 Portionen**

**Pro Portion: 555 kcal | 12,2 g E | 29,8 g F (davon 4,1 g GF) | 54,2 g KH | 13,0 g Bal**

## ZUTATEN

100 g Couscous
1 Zitrone oder Limette
250 ml heißes Wasser
100 g TK-Erbsen
100 g Brokkoli (nur die Köpfchen)
100 g Cocktailtomaten
25 g Rucola
1 große Avocado (ca. 200 g)
2 EL Apfelessig
2 EL kalt gepresstes Raps- oder Olivenöl
Salz, Pfeffer
Chiliflocken nach Belieben

1. Couscous in eine Salatschüssel geben. Die Zitrone auspressen (es werden ca. 50 ml Saft benötigt). Zitronensaft und Wasser mit dem Couscous vermischen und 30 Minuten quellen lassen.
2. Die Erbsen zum Auftauen in eine kleine Schüssel geben.
3. Brokkoli waschen und 100 g Köpfchen in mundgerechten Stücken abschneiden. (Den restlichen Brokkoli anderweitig, zum Beispiel für eine Suppe verwenden.) Wasser in einen Topf mit Dampfgareinsatz füllen, die Brokkoliköpfchen hineingeben und 10–12 Minuten bissfest garen.
4. Gegen Ende der Brokkoli-Garzeit eventuell die TK-Erbsen, falls sie noch nicht ganz aufgetaut sind, dazugeben. Anschließend alles abkühlen lassen.
5. Die Cocktailtomaten waschen und vierteln. Rucola in ein Sieb geben, kalt abbrausen und abtropfen lassen. Die Avocado längs halbieren, den Kern entfernen, das Fruchtfleisch mit einem Löffel herausheben und in Scheiben schneiden.
6. Aus Apfelessig, Rapsöl, Salz und Pfeffer in einer kleinen Schüssel ein Dressing rühren.
7. Erbsen, Brokkoli, Tomaten, Rucola und Dressing zum Couscous geben und alles gut durchmischen. Auf 2 tiefe Teller verteilen und jeweils die Hälfte der Avocadoscheiben obenauf legen. Nach Belieben mit Chiliflocken bestreuen.

**INFO:** Avocado, die ölhaltige Frucht, wirkt sehr positiv auf das Verhältnis zwischen HDL- und LDL-Cholesterin. Es sind hauptsächlich einfach ungesättigte Fettsäuren enthalten, die sich ebenso in Olivenöl, Raps- und Erdnussöl sowie in Nüssen finden.

Die Ökobilanz von Avocados ist stark in Kritik geraten, zum einen, weil sie von weit her importiert werden, zum anderen, weil ihr Anbau sehr viel Wasser benötigt. Dennoch: Hin und wieder eine leckere Avocado hinterlässt einen geringeren ökologischen Abdruck als Schweineschnitzel.

# Avocado-Thunfisch-Bowl

**Für 2 Portionen**
**Pro Portion: 488 kcal | 20,5 g E | 35,0 g F (davon 4,5 g GF) | 16,2 g KH | 15,5 g Bal**

## ZUTATEN

- 100 g Salatgurke
- 1 kleine rote Zwiebel
- 100 g Cocktailtomaten
- ½ Bund Radieschen (ca. 100 g vorbereitet gewogen)
- 1 Dose Thunfisch naturell (ca. 185 g Füllmenge)
- 1 kleine Dose Mais (ca. 140 g Abtropfgewicht)
- 2 kleine Avocados (à ca. 75 g)
- 100 g Salatmischung, zum Beispiel Babyspinat und Endiviensalat
- 1 Zitrone
- Salz, Pfeffer
- 2 EL Olivenöl

1. Das Stück Salatgurke waschen, längs halbieren und in Scheiben schneiden. Die Zwiebel abziehen, halbieren und in Ringe schneiden. Die Tomaten waschen, trocken tupfen und halbieren. Die Radieschen waschen, putzen und in Scheiben schneiden.
2. Thunfisch und Mais in ein Sieb geben und abtropfen lassen. Die Avocados längs halbieren, die Kerne entfernen und das Fruchtfleisch mit einem Löffel aus den Schalen heben. Längs in Scheiben schneiden.
3. Die Salatmischung – wenn erforderlich – waschen, gut abtropfen lassen und auf 2 Schüsseln verteilen.
4. Die vorbereiteten Zutaten (bis auf die Avocados) auf die beiden Schüsseln verteilen, gut durchmischen und die Avocadospalten obenauf geben.
5. Die Zitrone auspressen (es soll etwa 50 ml Saft ergeben). Zitronensaft mit Salz, Pfeffer und Olivenöl in einer kleinen Schüssel zu einem Dressing verrühren und dieses über die Bowls löffeln.

**TIPP:** Wenn Sie die Bowl gehaltvoller gestalten wollen, kann sie noch mit Couscous angereichert werden. Dafür, bevor Sie mit der Vorbereitung der Zutaten beginnen, je 50 g Couscous in jede Schüssel geben und mit je 75 ml heißem Wasser übergießen. Nach 15 Minuten können Sie die Zutaten wie ab Punkt 3 darauf verteilen. Das gibt dann mehr Kohlehydrate (50,7 g pro Portion) und mehr Kalorien (655 pro Portion), sonst ändert sich nichts.

# Lachs-Bowl mit Avocado und knusprigen Kichererbsen

**Für 2 Portionen**
**Pro Portion: 636 kcal | 19,9 g E | 45,7 g F (davon 6,2 g GF) | 29,8 g KH | 14,9 g Bal**

## ZUTATEN

- 1 Dose oder Glas Kichererbsen (ca. 240 g Abtropfgewicht)
- 2 EL Sesamöl
- ½ TL gemahlene Kurkuma
- ½ TL scharfes Paprikapulver oder Cayennepfeffer
- Salz
- 1 rosa Grapefruit
- 1 kleine rote Zwiebel
- 50 g Rucola
- 100 g geräucherter Lachs
- 1 große reife Avocado
- 1 Zitrone
- 1 TL Honig
- 1 TL scharfer Senf
- Pfeffer
- 2 TL dunkle oder helle Sesamsaat nach Belieben

**TIPP:** Geröstete Kichererbsen sind eine leckere Nascherei und Kohlenhydratspender, wenn Sie mal schnell verfügbare Energie, zum Beispiel beim Sport, benötigen.

1. Den Backofen auf 200 °C Ober-/Unterhitze (Umluft 180 °C) vorheizen. Die Kichererbsen durch ein Sieb abgießen und so lange kalt abbrausen, bis es nicht mehr schäumt. Gut abtropfen lassen und mit Küchenpapier trocken tupfen. (Sie können das Kichererbsen-Wasser, das Aquafaba, auch auffangen und weiterverwenden; siehe Seite 63)
2. In einer Schüssel 1 EL Sesamöl mit Kurkuma, Paprikapulver und ½ TL Salz gut vermischen. Die Kichererbsen darin wenden, sodass sie rundherum mit Öl benetzt sind.
3. Kichererbsen auf ein mit Backpapier ausgelegtes Backblech geben und 25–30 Minuten knusprig backen. Dabei alle 5 Minuten rütteln, damit nichts anbrennt. In eine Schüssel umfüllen und abkühlen lassen.
4. In der Zwischenzeit die Grapefruit so schälen, dass wenig weiße Haut übrig bleibt. Nach Belieben das Fruchtfleisch aus den Trennhäutchen lösen oder nur in Spalten teilen.
5. Die Zwiebel abziehen und in Ringe schneiden. Rucola waschen, verlesen und gut abtropfen lassen. Lachsscheiben halbieren und zu Röllchen drehen. Die Avocado längs halbieren, den Kern entfernen und das Fruchtfleisch mit einem EL aus der Schale heben. Quer in Streifen schneiden.
6. Die Zitrone auspressen – es soll ca. 50 ml Saft ergeben. Aus Zitronensaft, dem restlichen Öl, Honig, Senf, Salz und Pfeffer ein Dressing rühren.
7. Rucola in 2 Schüsseln geben und die übrigen Zutaten darauf verteilen. Mit Sesamsaat bestreuen und das Dressing getrennt dazu reichen.

**INFO:** Sesamöl enthält zu etwa 40 % die mehrfach ungesättigte Linolsäure, die einen erhöhten Blutfettspiegel senken und bei Arterienverkalkung helfen kann.

# Feldsalat mit Champignons und Granatapfelkernen

**Für 2 Portionen**
**Pro Portion: 226 kcal | 9,2 g E | 15,6 g F (davon 2,2 g GF) | 9,5 g KH | 5,4 g Bal**

## ZUTATEN

- 100 g Feldsalat
- 250 g Champignons
- 50 g Essiggurken oder Cornichons
- 1 EL Olivenöl
- 2 EL Apfelessig
- Salz, Pfeffer
- 80 g Granatapfelkerne (aus dem Kühlregal)
- 30 g gemischte Salatkörner

1. Den Feldsalat waschen, verlesen und in einem Sieb gut abtropfen lassen. Die Champignons putzen und je nach Größe halbieren oder vierteln. Die Essiggurken in Scheiben schneiden.
2. Aus Olivenöl, Apfelessig, Salz und Pfeffer in einer Salatschüssel ein Dressing rühren.
3. Feldsalat, Champignons, Essiggurken und Granatapfelkerne in die Salatschüssel geben und alles gut vermischen. Mit den Salatkörnern bestreuen.

**TIPP:** Wenn es mal keine Granatäpfel gibt (sie haben von September bis Februar Saison), nehmen Sie eine andere süßsäuerliche Frucht wie zum Beispiel Heidelbeeren, Johannisbeeren, Brombeeren oder Physalis.

# Tofu-Bowl mit Sesamdressing

**Für 2 Portionen**
**Pro Portion: 342 kcal | 16,1 g E | 24,9 g F (davon 2,6 g GF) | 10,9 g KH | 5,9 g Bal**

## ZUTATEN

- 1 Knoblauchzehe
- 2 EL Tahin (Sesampaste)
- 2 EL Sojasoße
- 2 EL Zitronensaft
- 50 ml Wasser
- Salz
- Chilipulver oder -flocken nach Belieben
- 100 g Möhren
- 150 g Eisbergsalat
- 100 g Sojasprossen oder z. B. Mungo- bzw. Alfalfasprossen
- 1 Kästchen Kresse
- 100 g Natur- oder geräucherter Tofu
- 1 EL Raps- oder Sesamöl
- 1 EL Sesamsaat

1. Für das Dressing die Knoblauchzehe schälen und durch eine Knoblauchpresse in eine kleine Schüssel drücken. Mit Tahin, Sojasoße, Zitronensaft und Wasser gut verrühren. Bei Bedarf etwas mehr Wasser für eine geschmeidige, cremige Konsistenz zufügen. Mit Salz und nach Belieben Chilipulver abschmecken.
2. Die Möhren schälen, putzen und in feine Streifen (Juliennes) schneiden. Eisbergsalat – wenn erforderlich – waschen und in Streifen schneiden. Sprossen eventuell waschen und gut abtropfen lassen. Die Kresse mit kaltem Wasser abbrausen, gut trocken schütteln und die Blättchen vom Flies schneiden.
3. Möhren, Eisbergsalat und Sprossen auf 2 Schüsseln verteilen und gut vermischen.
4. Den Tofu in Würfel schneiden. Das Öl in einer beschichteten Pfanne erhitzen und die Tofuwürfel von allen Seiten anbraten. Gegen Ende des Bratvorgangs die Sesamsaat dazugeben und mitbraten. Beides auf dem Salat verteilen, mit Sesamdressing beträufeln und mit der Kresse bestreuen.

**TIPP:** Vom Sesamdressing können Sie auch gleich die drei- oder vierfache Menge anrühren. Es hält sich – gut verschlossen – mindestens 1 Woche im Kühlschrank. Die Nährwerte pro Portion: 135 kcal | 6,2 g E | 11,0 g F (davon 1,3 g GF) | 3,0 g KH | 0,3 g Bal.

# SUPPEN UND EINTÖPFE

Viel frisches und wirksames Gemüse in Ihrem Kochtopf ist der beste Weg zur Unterstützung der Behandlung zu hoher Cholesterinwerte. Brokkoli und alle grünen Gemüse mit ihren wertvollen Inhaltsstoffen sind oft die Basis für eine feine Suppe oder einen sättigenden Eintopf. Haferkleie oder -flocken, wie zum Beispiel in der folgenden Brokkolisuppe, passen auch in andere Suppen und bringen Ihnen ein Extra an Ballaststoffen. Sie können Ihre Suppen mit verschiedenen Kräutern anreichern oder auch mal einen Lachs oder anderen fetten Fisch (mit viel Omega-3-Fettsäuren) darin schwimmen lassen.

# Brokkolisuppe mit Pinienkernen und Haferkleie

**Für 4 Portionen**
**Pro Portion: 238 kcal | 14,6 g E | 12,6 g F (davon 3,0 g GF) | 13,4 g KH | 6,3 g Bal**

## ZUTATEN

- 3 Schalotten oder 1 kleine Zwiebel
- 500 g Brokkoli
- 1 EL Rapsöl
- 50 g Haferkleie oder Haferflocken
- 800 ml Gemüsebrühe
- 40 g Pinienkerne
- 50 g Parmesan
- Salz, Pfeffer
- Muskatnuss, frisch gerieben
- etwas Zitronensaft

1. Die Schalotten abziehen und hacken. Brokkoli waschen, die Röschen abschneiden, den Stängel putzen, schälen und würfeln.
2. Öl in einem beschichteten Topf erhitzen und Schalotten darin unter Rühren goldgelb anbraten. Die Haferkleie dazurühren und kurz anrösten. Mit Gemüsebrühe aufgießen, den Brokkoli dazugeben und alles aufkochen lassen. Dann bei kleiner Hitze zugedeckt in 20 Minuten gar köcheln lassen.
3. In der Zwischenzeit die Pinienkerne in einer beschichteten Pfanne ohne zusätzliches Fett goldgelb rösten. Den Parmesan mit einem scharfen Messer in feine Scheiben hobeln oder nach Belieben auf einer Reibe fein raspeln.
4. Einige Brokkoliröschen zum Garnieren aus dem Topf fischen und beiseitelegen.
5. Die Brokkolisuppe mit dem Stabmixer fein pürieren und mit Salz, Pfeffer, Muskatnuss und Zitronensaft abschmecken. Auf 4 Teller verteilen, mit Pinienkernen und Parmesan bestreuen und die übrigen Brokkoliröschen obenauf geben.

**TIPP:** Diese Suppe schmeckt auch mit Blumenkohl fein. Als besondere Überraschung können Sie mal lila Blumenkohl verwenden, der immer häufiger – auch in Supermärkten – angeboten wird. Dann aber 2 EL Essig vor dem Kochen dazugeben, sonst verliert er seine originelle Farbe. Diese kommt – ganz natürlich – von den Anthocyanen, Pflanzenfarbstoffen, die auch im Rotkohl oder in dunklen Beeren enthalten sind. Was den Pflanzen als Sonnenschutz dient, gibt uns antioxidative Kräfte, hemmt Entzündungen und stärkt die Arterien.

# Kartoffelsuppe mit Käse und Lachs

**Für 2 Portionen**
**Pro Portion: 399 kcal | 25,1 g E | 18,8 g F (davon 7,4 g GF) | 29,9 g KH | 5,6 g Bal**

## ZUTATEN

- 300 g Kartoffeln
- 100 g Möhren
- 500 ml Wasser oder Gemüsebrühe
- 150 g Lachsfilet
- 2 Stängel glatte Petersilie
- 1 Ecke Schmelzkäse (60 g)
- Salz, Pfeffer
- 1–2 EL Zitronensaft

1. Die Kartoffeln und Möhren schälen, putzen und waschen. Beides in mundgerechte Stücke schneiden.
2. Wasser in einen mittelgroßen Topf geben, das Gemüse zufügen und zugedeckt auf mittlerer Flamme 12–15 Minuten bissfest kochen.
3. Das Lachsfilet trocken tupfen und in etwa 1,5 cm große Würfel schneiden. Die Petersilie waschen, trocken schütteln, die Blätter von den Stängeln zupfen und hacken.
4. Den Schmelzkäse zum Gemüse rühren, bis er aufgelöst ist und die Suppe mit Salz, Pfeffer und Zitronensaft pikant abschmecken.
5. Den Lachs in die Suppe geben und 3 Minuten auf sehr kleiner Flamme gar ziehen lassen.
6. Suppe auf 2 Teller verteilen und mit Petersilie bestreuen.

**TIPP:** Sie können in diesem Rezept den Lachs durch einen anderen fettreichen Fisch ersetzen, aber auch durch in Würfel geschnittenen Tofu. Die Suppe enthält dann nur noch 12,4 g Fett und davon 5,4 g gesättigte Fettsäuren.

# Lauch-Kartoffel-Suppe mit Mandeldrink

**Für 2 Portionen**
**Pro Portion: 191 kcal | 4,4 g E | 9,2 g F (davon 1,1 g GF) | 20,5 g KH | 4,6 g Bal**

## ZUTATEN

- 1 mittelgroße Stange Lauch (ca. 150 g vorbereitet gewogen)
- 200 g Kartoffeln
- 1 EL Olivenöl
- 400 ml Gemüsebrühe oder Wasser
- 200 ml ungesüßter Mandel- oder Sojadrink
- Salz, Pfeffer
- etwas Zitronensaft und geriebene Muskatnuss nach Belieben
- 1 EL Schnittlauch in Röllchen

1. Den Lauch putzen, im oberen Bereich längs aufschlitzen, die Blätter auffächern und gründlich waschen. Lauch mit möglichst viel – auch dunklerem Grün – in Ringe schneiden. Die Kartoffeln schälen, waschen und in mundgerechte Stücke schneiden.
2. Das Öl in einem mittelgroßen beschichteten Topf erhitzen und die dunkleren Lauchringe unter Rühren anbraten, bis sie Farbe angenommen haben.
3. Kartoffeln, restlichen Lauch und Brühe dazugeben und zugedeckt bei mittlerer Hitze garen, bis das Gemüse weich ist.
4. Den Mandeldrink einrühren und die Suppe mit Salz, Pfeffer und nach Belieben mit Zitronensaft und Muskatnuss abschmecken.
5. Nochmals kurz erhitzen, auf 2 tiefe Teller verteilen und mit Schnittlauch bestreuen.

**INFO:** Lauch enthält, wie auch Zwiebeln, Sulfide, die in der cholesteringesunden Ernährung eine wichtige Rolle spielen: Sie blockieren vorübergehend die Herstellung von Cholesterin im Körper, stärken das Immunsystem und regen durch ihre Ballaststoffe die Verdauung an.

# Hirseeintopf mit Fenchel

**Für 4 Portionen**

**Pro Portion: 197 kcal | 6,7 g E | 4,5 g F (davon 0,7 g GF) | 28,4 g KH | 8,3 g Bal**

## ZUTATEN

- 3 Stängel Lauchzwiebeln
- 100 g Hirse
- 1 EL Rapsöl
- 750 ml Gemüsebrühe
- 400 g Möhren
- 250 g Fenchel
- 1 Stange Lauch
- ½ TL gemahlene Kurkuma
- 1–2 EL Zitronensaft
- Salz, Pfeffer
- 2 EL gehackte Kräuter nach Belieben, z. B. Salbei, Basilikum oder Fenchelgrün

1. Die Lauchzwiebeln abziehen und mit möglichst viel Grün in Ringe schneiden. Die Hirse in ein Sieb geben und mit heißem Wasser abbrausen.
2. Das Öl in einem geräumigen Topf erhitzen und die Lauchzwiebeln unter Rühren goldgelb anbraten. Mit der Brühe aufgießen, Hirse einrühren und aufkochen lassen. Vom Herd nehmen und ca. 15 Minuten quellen lassen.
3. In der Zwischenzeit die Möhren schälen, putzen und in Scheiben schneiden. Den Fenchel waschen, wenn nötig die äußeren Blätter dünn abschälen, putzen und das Fruchtfleisch in mundgerechte Würfel schneiden. Den Lauch putzen, am oberen Ende längs aufschlitzen, auffächern, gründlich waschen und in Ringe schneiden.
4. Alle Gemüsesorten und Kurkuma in die Hirse rühren und das Ganze 10–15 Minuten bei milder Hitze kochen. Mit Zitronensaft, Salz und Pfeffer abschmecken und mit den Kräutern bestreuen.

**TIPP:** Statt mit Hirse schmeckt die Suppe auch mit Bulgur oder Buchweizen. Das bringt ebenso Ballaststoffe wie Abwechslung in Ihren Suppenalltag. Kurkuma könnten Sie durch ein mildes Currypulver ersetzen – auch darin ist Kurkuma enthalten und wirkt als natürlicher Cholesterinsenker.

# Süß-saure Möhrensuppe mit Tofu

**Für 4 Portionen**
**Pro Portion: 165 kcal | 7,3 g E | 7,5 g F (davon 0,9 g GF) | 14,0 g KH | 6,1 g Bal**

## ZUTATEN

500 g Möhren
125 g rote Spitzpaprikaschote
2 Stängel Lauchzwiebeln
1 EL Olivenöl
500 ml Gemüsebrühe
1 TL mildes oder scharfes Currypulver
2 Stängel glatte Petersilie
200 g Naturtofu
200 ml ungesüßter Soja- oder Mandeldrink
2 EL weißer Essig
1 EL Orangen- oder Aprikosenmarmelade
Salz, Pfeffer

**INFO:** Die gelbe Basis im Curry ist Kurkuma, die auch als reines Pulver in Gewürzregalen erhältlich ist. Das relativ geschmacksneutrale Gewürz kann helfen, den Cholesterinspiegel zu senken, indem es die Produktion von LDL-Cholesterin hemmt. Jeweils 1 TL Kurkuma für 2 Portionen können Sie in viele Gemüsesuppen oder -pfannen streuen, um vom Wirkstoff Kurcumin zu profitieren.

1. Die Möhren schälen, putzen und in mundgerechte Stücke schneiden. Spitzpaprika waschen, putzen und in etwa 2 cm lange Streifen schneiden. Die Lauchzwiebeln abziehen, längs halbieren und in feine Scheiben schneiden.
2. Olivenöl in einem beschichteten Topf erhitzen und die Lauchzwiebeln darin unter Rühren andünsten. Paprikastücke unterrühren und leicht anbraten.
3. Die Möhren einrühren und mit Gemüsebrühe aufgießen. Mit Curry würzen und aufkochen lassen. Auf kleiner Flamme 15 Minuten köcheln lassen, bis das Gemüse weich ist.
4. In der Zwischenzeit die Petersilie waschen, trocken schütteln, die Blätter von den Stängeln zupfen und grob hacken. Den Tofu aus der Packung nehmen und in mundgerechte Würfel schneiden.
5. Ungefähr ⅓ des Gemüses mit einer Schaumkelle herausheben und beiseitestellen. Die Möhrensuppe im Topf gröber oder feiner pürieren.
6. Den Sojadrink, den Essig und die Marmelade einrühren und mit Salz und Pfeffer abschmecken.
7. Tofu und das restliche Gemüse zur Suppe geben und darin erhitzen. Auf Teller oder Schüsseln verteilen und mit Petersilie bestreuen.

# Auberginensuppe

**Für 4 Portionen**
**Pro Portion: 240 kcal | 10,8 g E | 8,8 g F (davon 1,2 g GF) | 25,4 g KH | 8,2 g Bal**

## ZUTATEN

- 1 Zwiebel
- 2 Knoblauchzehen
- 1 rote oder gelbe Paprikaschote
- 250 g Auberginen
- 250 g Zucchini
- 250 g Tomaten
- 2 EL Olivenöl
- 800 ml Gemüse- oder Fleischbrühe
- 2 Scheiben Bio-Zitrone
- 100 g gelbe oder rote Linsen
- ½ TL gemahlene Kurkuma
- 2 Stängel glatte Petersilie
- Salz
- Zitronensaft nach Belieben

1. Zwiebel und Knoblauch schälen und klein würfeln. Die Paprikaschote waschen, putzen und das Fruchtfleisch in etwa ½ cm große Würfel schneiden.
2. Auberginen und Zucchini waschen, putzen, je nach Dicke längs halbieren und in Scheiben schneiden. Die Tomaten waschen, Stielansätze und eventuell die Kerne entfernen und das Fruchtfleisch würfeln.
3. Olivenöl in einem geräumigen Topf erhitzen. Zwiebel und Knoblauch dazugeben und unter Rühren glasig dünsten. Die Paprikawürfel einrühren und 5 Minuten leicht anschmoren.
4. Auberginen und Zucchini unterrühren und mit der Brühe aufgießen. Zitronenscheiben, Linsen und Kurkuma dazugeben, Suppe aufkochen und 10 Minuten zugedeckt auf sehr kleiner Flamme köcheln lassen.
5. Die Tomatenwürfel einrühren und alles zusammen weitere 5 Minuten köcheln lassen.
6. In der Zwischenzeit die Petersilie waschen, trocken schütteln, die Blätter von den Stängeln zupfen und hacken.
7. Suppe mit Salz und nach Belieben Zitronensaft abschmecken und mit Petersilie bestreuen.

**TIPP:** Es gibt gleich 4 Portionen von der leckeren Suppe. Sie kann gut im Kühlschrank 2–3 Tage aufbewahrt werden. Nach Belieben können Sie auch andere Gemüsesorten, zum Beispiel Staudensellerie, dazugeben. Davon nehmen Sie etwa 250 g, würfeln ihn klein und geben ihn zusammen mit den Paprikawürfeln in den Topf.

# Tomatensuppe mit Bohnen und Pasta

**Für 4 Portionen**

**Pro Portion: 326 kcal | 12,4 g E | 11,3 g F (davon 2,9 g GF) | 40,4 g KH | 6,4 g Bal**

## ZUTATEN

- 1 große Zwiebel
- 2 Knoblauchzehen
- 100 g grüne Bohnen
- 100 g Möhren
- 1 EL Olivenöl
- 40 g Tomatenmark
- 100 g Pasta (Pipe rigate, Penne oder Farfalle)
- 700 ml Gemüsebrühe
- 500 ml passierte Tomaten (Fertigprodukt)
- 1 kleine Dose Kidneybohnen (ca. 200 g Einwaage)
- 4 Zweige rotes oder grünes Basilikum
- Salz, Pfeffer
- 2–3 EL weißer oder dunkler Balsamessig
- 4 EL Parmesan, gerieben, nach Belieben

1. Die Zwiebel abziehen und fein würfeln. Die Knoblauchzehen schälen und in feine Scheiben schneiden. Die grünen Bohnen waschen, putzen und in etwa 3 cm lange Stücke schneiden. Die Möhren schälen, waschen und in ca. ½ cm dicke Scheiben schneiden.
2. Das Olivenöl in einem geräumigen Topf mild erhitzen. Zwiebel und Knoblauch dazugeben und unter Rühren goldgelb anbraten. Das Tomatenmark unterrühren und kurz mitbraten lassen.
3. Bohnen, Möhren, Pasta und Gemüsebrühe in den Topf geben, aufkochen lassen und alles zusammen in 10–12 Minuten weich kochen.
4. Passierte Tomaten und Kidneybohnen (mit Flüssigkeit) dazugeben und heiß werden lassen.
5. In der Zwischenzeit das Basilikum waschen, trocken schütteln, die Blätter von den Stängeln zupfen und in Streifen schneiden.
6. Suppe mit Salz, Pfeffer und Balsamessig abschmecken. Auf 4 Teller verteilen, mit Basilikum und nach Belieben mit Parmesan bestreuen.

**INFO:** Das sogenannte Aquafaba aus der Dose können Sie getrost mit verwenden – es ist kein Abfall und viel zu schade für den Ausguss. Die Bohnenflüssigkeit enthält viel Eiweiß und Ballaststoffe. Bei Suppen spielt die rote Farbe des Bohnenwassers keine Rolle. Für einen Salat reichen 1–2 EL der aufgefangenen Flüssigkeit, um die Soße zuzubereiten.

# Erbsensuppe mit Minze

**Für 2 Portionen**
**Pro Portion: 284 kcal | 11,4 g E | 9,6 g F (davon 1,7 g GF) | 33,4 g KH | 9,6 g Bal**

## ZUTATEN

- 1 kleine Zwiebel
- 200 Kartoffeln
- 2 Stängel frische Minze
- 1 EL Rapsöl
- 250 g TK-Erbsen
- 300 ml Gemüsebrühe (Fertigprodukt)
- 1 EL Zitronensaft
- Salz, Pfeffer
- 1 TL Wasabipaste nach Belieben
- 2 EL saure Sahne

1. Die Zwiebel abziehen und klein würfeln. Die Kartoffeln schälen, waschen und in ca. 1 cm große Würfel schneiden. Die Minze waschen, gut trocken schütteln, die Blätter abzupfen und hacken.
2. Rapsöl in einem mittelgroßen beschichteten Topf mild erhitzen. Darin Zwiebel- und Kartoffelwürfel unter Rühren andünsten.
3. TK-Erbsen, Gemüsebrühe und ¾ der Minze dazugeben und 18–20 Minuten leicht kochen lassen, bis das Gemüse weich ist.
4. Suppe mit einem Kartoffelstampfer oder Pürierstab nicht allzu fein pürieren. Anschließend mit Zitronensaft, Salz, Pfeffer und – wer es scharf mag – Wasabi abschmecken.
5. Die saure Sahne einrühren und dabei nicht mehr kochen lassen. Auf 2 Teller verteilen und mit der restlichen Minze bestreuen.

**INFO:** Wasabi, japanischer Meerrettich oder Wasserrettich, gehört zur Familie der Kreuzblütler. Die Wurzeln werden zu einer scharfen Paste verarbeitet, die Vitamin C und Vitamin B6 (für Nerven und Fettstoffwechsel) enthält. Die grüne Paste ist sehr scharf – tasten Sie sich langsam ran, wenn Sie Schärfe nicht gewohnt sind.

Die Erbsen enthalten 7 % Eiweiß! Dazu viel Vitamin E, Betacarotin (das vom Organismus in Vitamin A umgewandelt wird), Eisen, Magnesium und Zink – alles Stoffe, die Ihnen helfen können, rundherum fit und gesund zu bleiben.

# Rote-Bete-Suppe mit Möhren

**Für 2 Portionen**
**Pro Portion: 212 kcal | 4,6 g E | 10,4 g F (davon 2,9 g GF) | 21,1 g KH | 7,7 g Bal**

## ZUTATEN

- 3 Stängel Lauchzwiebeln
- 1 Knoblauchzehe
- 2 Stängel Petersilie
- 200 g Möhren
- 1 EL Olivenöl
- 400 ml Gemüsebrühe (Fertigprodukt)
- 1 TL Kümmel
- 2 TL getrockneter Estragon
- 250 g Rote Bete (vorgekocht und vakuumiert)
- Salz, Pfeffer
- 50 ml saure Sahne

1. Die Lauchzwiebeln abziehen und mit viel Grün in Ringe schneiden. Den Knoblauch schälen und in feine Scheiben schneiden. Die Petersilie waschen, trocken schütteln und die Blätter von den Stängeln zupfen. Die Möhren schälen, putzen und in Scheiben oder Würfel schneiden.
2. Das Öl in einem mittelgroßen Topf erhitzen. Lauchzwiebeln und Knoblauch dazugeben und unter Rühren goldgelb anbraten. Mit Gemüsebrühe aufgießen und mit Kümmel und Estragon würzen.
3. Die Möhren und Petersilie dazugeben, aufkochen und bei milder Hitze 15 Minuten köcheln lassen, bis die Möhren weich sind.
4. In der Zwischenzeit die Roten Beten aus der Packung nehmen und würfeln.
5. Etwa die Hälfte der Möhren und Petersilie mit einer Schaumkelle aus der Brühe heben und beiseitestellen. Rote Bete zur Suppe geben alles und mit dem Pürierstab pürieren.
6. Suppe mit Salz und Pfeffer abschmecken, die saure Sahne einrühren, auf 2 Teller verteilen und die Möhren mit der Petersilie in die Mitte setzen.

**INFO:** Rote Bete stärkt mit ihrem Farbstoff Betanin die Galle und senkt den Cholesterinspiegel. Die enthaltenen Antioxidantien schützen die Blutgefäße, stärken das Herz und erhöhen die Abwehrkräfte.

# Rosenkohlsuppe mit Mandeldrink

**Für 4 Portionen**
**Pro Portion:166 kcal | 7,0 g E | 4,6 g F (davon 0,5 g GF) | 19,9 g KH | 8,3 g Bal**

## ZUTATEN

- 250 g Rosenkohl, geputzt oder TK
- 200 g Blumenkohl, geputzt oder TK
- 2 Stängel Lauchzwiebeln
- 150 g Möhren
- 300 g Kartoffeln
- 1 EL Rapsöl
- 500 ml Gemüsebrühe (Fertigprodukt)
- 200 ml ungesüßter Mandel- oder Sojadrink
- Salz
- etwas Zitronensaft nach Belieben

1. Rosenkohl und Blumenkohl waschen putzen und – wenn erforderlich – die Röschen halbieren. (Tiefgekühltes Gemüse etwas antauen lassen.) Die Lauchzwiebeln abziehen und mit viel Grün in Ringe schneiden. Die Möhren schälen, putzen und in Scheiben schneiden. Die Kartoffeln schälen, waschen und in mundgerechte Stücke schneiden.
2. Das Öl in einem mittelgroßen Topf erhitzen und Lauchzwiebeln 2–3 Minuten unter Rühren andünsten.
3. Alles Gemüse (wenn Sie tiefgekühltes Gemüse verwenden, dieses erst 10 Minuten vor Ende der Kochzeit dazugeben) einrühren und mit Brühe aufgießen. Das Gemüse sollte gerade bedeckt sein.
4. Das Ganze 20–25 Minuten bei kleiner Hitze kochen, bis das Gemüse weich ist.
5. Den Mandeldrink einrühren und die Suppe mit Salz und – nach Belieben – etwas Zitronensaft würzen und noch einmal aufkochen lassen.

**TIPP:** Gut passt Fisch in diese Suppe, zum Beispiel Kabeljau oder Seebarsch. Fisch in mundgerechte Würfel schneiden und 5 Minuten vor Ende der Kochzeit in der Suppe ziehen lassen.

# Süßkartoffelsuppe mit Ingwer

**Für 2 Portionen**
**Pro Portion: 259 kcal | 3,6 g E | 8,0 g F (davon 0,6 g GF) | 40,4 g KH | 5,6 g Bal**

## ZUTATEN

- 1 kleine Zwiebel oder 3 Schalotten
- 1 Knoblauchzehe
- 1 Stück Ingwer, etwa walnussgroß
- 300 g Süßkartoffeln
- 1 EL kalt gepresstes Rapsöl
- 1 TL gemahlene Kurkuma
- 500 ml Gemüsebrühe
- 1 Stängel glatte oder krause Petersilie
- 1 EL Zitronensaft
- Salz, Pfeffer
- Paprika- oder Chilipulver nach Belieben

1. Die Zwiebel abziehen und in Würfel schneiden, den Knoblauch schälen und hacken. Den Ingwer schälen und in sehr kleine Würfel schneiden oder durch eine Knoblauchpresse drücken. Die Süßkartoffeln schälen, waschen und in ca. 1,5 cm große Würfel schneiden.
2. Das Rapsöl in einem mittelgroßen beschichteten Topf mild erhitzen. Zwiebel und Knoblauch hinzufügen und unter Rühren andünsten. Süßkartoffeln dazugeben und unter Rühren etwa 3 Minuten leicht anbraten.
3. Kurkuma, Ingwer und Gemüsebrühe dazugeben und 15 Minuten bei mittlerer Hitze weich kochen.
4. Petersilie waschen, trocken tupfen und die Blätter in kleinen Büscheln vom Stängel zupfen. Oder die Blätter nach Belieben hacken.
5. Suppe mit einem Pürierstab pürieren. (Alternativ mit einem Kartoffelstampfer arbeiten.) Mit Zitronensaft, Salz und Pfeffer abschmecken.
6. Auf 2 tiefe Teller verteilen und mit Petersilie und – nach Belieben – Paprika- oder Chilipulver bestreuten.

**TIPP:** Wenn Sie nur eine Portion essen, können Sie die zweite zugedeckt im Kühlschrank aufbewahren oder einfrieren.

**INFO:** Immer wenn Sie Kurkuma verwenden, sollten Sie auch großzügig mit frisch gemahlenem schwarzem Pfeffer würzen. Dieser verstärkt die entzündungshemmende Wirkung des gelben Gewürzes um ein Zehnfaches.

# Wirsing-Möhren-Suppe mit Croûtons

**Für 4 Portionen**
**Pro Portion: 231 kcal | 5,8 g E | 7,5 g F (davon 0,7 g GF) | 31,4 g KH | 7,8 g Bal**

## ZUTATEN

- 1 kleine Zwiebel
- 2 Knoblauchzehen
- 1 Stange Lauch (ca. 200 g vorbereitet gewogen)
- 300 g Möhren
- 300 g Kartoffeln
- 150 g Wirsing oder Grünkohl
- 2 EL Raps- oder Olivenöl
- 800 ml Gemüsebrühe oder Wasser
- 2 Scheiben dunkles Brot
- Salz, Pfeffer

**INFO:** Die sekundären Pflanzenstoffe in dunklem grünem Gemüse sind unschlagbar, wenn Sie Ihr Immunsystem stärken und Ihren Cholesterinspiegel senken wollen. Dazu kommen noch reichlich Ballaststoffe. Wirsing können Sie das ganze Jahr über aus regionalem Anbau kaufen. Einen angebrochenen Wirsingkopf können Sie 1–2 Wochen im Gemüsefach des Kühlschranks lagern.

1. Die Zwiebel abziehen und in kleine Würfel schneiden. Die Knoblauchzehen schälen und in dünne Scheiben schneiden. Den Lauch putzen, am oberen Ende einschneiden, auffächern und gründlich waschen. Lauch in Ringe schneiden.
2. Möhren und Kartoffeln schälen, putzen, waschen und in mundgerechte Stücke schneiden. Die Wirsingblätter gründlich waschen und in Streifen schneiden.
3. 1 EL Rapsöl in einem beschichteten Topf erhitzen. Zwiebel und Knoblauch darin unter Rühren hellgelb anbraten. Die Wirsingstreifen dazugeben und ebenfalls anbraten. Nach Belieben einen kleinen Teil der Wirsingstreifen zur Dekoration beiseitestellen.
4. Lauch, Möhren und Kartoffeln in den Topf geben, mit Brühe aufgießen und das Ganze 15–20 Minuten bei mittlerer Hitze köcheln lassen, bis das Gemüse weich ist.
5. In der Zwischenzeit die Brotscheiben in Würfel schneiden. Das restliche Öl in einer beschichteten Pfanne erhitzen und Brotwürfel – und nach Belieben die restlichen Wirsingstreifen – knusprig anbraten.
6. Suppe nach Belieben grob oder fein pürieren und mit Salz und Pfeffer abschmecken. Auf 4 tiefe Teller verteilen und die Brot-Croûtons und Wirsingstreifen obenauf geben.

# Soba-Nudelsuppe mit Tofu und Pilzen

**Für 2 Portionen**
**Pro Portion: 458 kcal | 23,0 g E | 16,6 g F (davon 1,1 g GF) | 54,1 g KH | 6,6 g Bal**

## ZUTATEN

- 1 kleine Zwiebel
- 50 g Grünkohl, Wirsing oder Spinat (frisch oder TK)
- 100 g Räuchertofu
- 75 g weiße oder braune Champignons
- 1 EL Sesamsaat
- 1 EL Rapsöl
- 1,4 l Wasser
- 150 g Soba-Nudeln (Buchweizennudeln im Bioladen oder Reformhaus)
- Salz, Pfeffer
- 1–2 EL helle Sojasoße

1. Die Zwiebel abziehen und klein würfeln. Grünkohl oder anderes grünes Gemüse gründlich waschen, putzen und in mundgerechte Stücke schneiden oder zupfen. Tiefgekühltes Gemüse antauen lassen. Räuchertofu würfeln. Champignons putzen, mit einer weichen Bürste oder Küchenpapier säubern und in Scheiben schneiden.
2. Sesamsaat – nach Belieben – in einer beschichteten Pfanne rösten und beiseitestellen.
3. Rapsöl in einer beschichteten Pfanne mild erhitzen und die Zwiebelwürfel unter Rühren hellgelb anbraten. Gemüse und Champignons dazugeben und 2–3 Minuten anbraten. Den Tofu einrühren und kurz mitbraten.
4. Mit 400 ml Wasser – alternativ Miso- oder Gemüsebrühe – aufgießen, aufkochen lassen und beiseitestellen.
5. Soba-Nudeln in einem zweiten Topf im restlichen Wasser nach Packungsanleitung weich kochen. Durch ein Sieb abgießen und unter die vorbereitete Suppe mischen. Mit Salz und Pfeffer abschmecken. Auf 2 Teller verteilen und mit Sesamsaat bestreuen.

**INFO:** In Japan kennt man Buchweizennudeln schon lange. Soba heißen sie dort und werden oft und gerne, sogar eisgekühlt im Sommer, gegessen. Zu Silvester sind Soba ein Muss, da das Essen von langen Nudeln als Wunsch für ein langes Leben gilt. In New York City gibt es eine Menge »Sobaya«, so heißen die Restaurants und Take-aways in denen diese Buchweizennudeln angeboten werden.

Buchweizen – ob in Form von Nudeln, Mehl oder Körnern – liefert Ihnen alle acht essenziellen Aminosäuren. Des Weiteren Magnesium, Eisen, Zink und Vitamin B6. Alles Stoffe, die Sie für die Regulation von Blutzucker und Cholesterin brauchen. Bauen Sie diese leckere Nudel-Variante öfter in Ihren Speiseplan ein. Das müssen keinesfalls immer asiatische Zubereitungen sein, Sie können sie auch statt Ihrer gewohnten Weizenspaghetti genießen.

# VEGETARISCHE HAUPT-GERICHTE

Sie müssen sich nicht vegetarisch ernähren, um Ihre zu hohen Cholesterinwerte in den Griff zu bekommen. Aber mehr pflanzliche Zutaten und weniger Fleisch sollten zur Senkung der Werte schon in Ihre Essgewohnheit eingebaut werden.

Ich habe die für Sie jetzt so wichtigen Zutaten in vier Kategorien eingeteilt: Sie finden Gerichte, die besonders viel Gemüse enthalten, Gerichte mit Getreide wie Hirse, Buchweizen oder Gerste sowie dem Pseudogetreide Quinoa, mit denen Sie jeweils geballte Ladungen an Ballaststoffen zu sich nehmen. Hülsenfrüchte, Bohnen, Linsen und Kichererbsen mit ihrem hohen Eiweißgehalt sowie der Extrazutat Aquafaba gehören jetzt ebenso auf den Speiseplan. Und als ganz besonderes Extra: Nudeln und Reis! Das Besondere daran: Wenn Sie Teigwaren, Reis und auch Kartoffeln vorkochen und sie jeweils 24 Stunden abkühlen lassen, entsteht die sogenannte resistente Stärke, welche im Dickdarm zu Butyrat (Buttersäure) umgewandelt wird. Dieser Ballaststoff verhindert, dass LDL-Cholesterin durch die Darmbarriere in den Blutkreislauf gelangt.

Ich bin sicher: Wenn Sie einige unserer leckeren gemüsebetonten Rezepte ausprobiert haben, werden Sie Fleischgerichte kaum noch vermissen.

# Zucchiniflammkuchen mit Walnüssen

**Für 2 Portionen**
**Pro Portion: 597 kcal | 24,1 g E | 31,0 g F (davon 4,7 g GF) | 52,4 g KH | 5,9 g Bal**

## ZUTATEN

**Für den Quark-Öl-Teig:**

120 g Weizenmehl (Type 405 oder 550)
100 g Quark (20 % Fett)
1 TL Backpulver
2 EL Olivenöl
3 EL Wasser
Salz

**Für den Belag:**

300 g Zucchini
50 g fettarmer Naturjoghurt
75 g Hüttenkäse
40 g Walnüsse
2 EL Schnittlauch in Röllchen

1. Für den Teig alle Zutaten in eine Schüssel geben und mit dem Handrührgerät glatt verarbeiten.
2. Backpapier auf etwa die Hälfte der Größe des Backblechs zuschneiden, den Teig daraufgeben und sehr dünn ausrollen. Papier mit dem Teig auf das Backblech ziehen.
3. Den Backofen auf 220 °C Ober-/Unterhitze (Umluft 200 °C) vorheizen.
4. Für den Belag die Zucchini waschen, putzen und mit einem scharfen Messer oder einem Gemüsehobel längs in etwa 5 mm dicke Streifen schneiden.
5. Den Joghurt auf dem Teig verstreichen und die Zucchinistreifen darauf verteilen.
6. Flammkuchen im vorgeheizten Backofen 15 Minuten knusprig backen. Anschließend den Hüttenkäse darüberlöffeln und mit Walnüssen und Schnittlauch bestreuen.

**TIPP:** Der Flammkuchen ist auch als Vorspeise für 4 Personen geeignet oder – in Quadrate geschnitten – als Fingerfood zum Aperitif.

# Süßkartoffel aus dem Ofen

**Für 2 Portionen**
**Pro Portion mit Tofu:**
**454kcal | 8,3g E | 17,8g F (davon 1,4g GF) | 61,2g KH | 8,2g Bal**
**Pro Portion mit Schafskäse:**
**534kcal /12,6g | 24,8g F (davon 7,4g GF) | 61,3g KH | 7,9g Bal**

## ZUTATEN

2 Süßkartoffeln (à ca. 250 g)
2 EL Leinöl
Salz
gemahlener Zimt nach Belieben
100 g Tofu oder Schafskäse
2 Stängel glatte Petersilie

1. Den Backofen auf 200 °C Ober-/Unterhitze (Umluft 180 °C) vorheizen. Die Süßkartoffeln gründlich waschen und ungeschält auf ein mit Backpapier ausgelegtes Blech setzen.
2. Je nach Dicke 50–60 Minuten im Ofen backen.
3. Leinöl mit Salz und – nach Belieben – 1–2 Prisen Zimt verrühren. Den Tofu oder Schafskäse in kleine Würfel schneiden oder mit einer Gabel grob zerbröseln. Die Petersilie waschen, mit Küchenpapier trocken tupfen und die Blätter von den Stängeln zupfen.
4. Süßkartoffeln mit einem scharfen Messer längs einschneiden, den Inhalt mit einer Gabel etwas auflockern. Mit dem gewürzten Leinöl beträufeln und mit Tofu oder Schafskäse und Petersilie bestreuen.

**INFO:** Süßkartoffeln sind ausgezeichnete Ballaststoff-Lieferanten. Mit normalen Kartoffeln zubereitet schmeckt das Gericht zwar auch sehr lecker, hat aber viel weniger Ballaststoffe: 423 kcal | 13 g E | 25 g F | 35 g KH und nur noch 4,9 g Ballaststoffe.

# Kürbispfanne mit Spinat und Schafskäse

**Für 2 Portionen**
**Pro Portion: 479 kcal | 17,7 g E | 23,7 g F (davon 7,4 g GF) | 45,5 g KH | 6,1 g Bal**

## ZUTATEN

600 g Hokkaido-Kürbis (ca. 500 g vorbereitet gewogen)
1 rote Zwiebel
125 g Blattspinat
2 EL Olivenöl
40 g Walnüsse
100 g Schafskäse
Salz, Pfeffer

1. Den Kürbis waschen (die Schale wird mitverwendet), putzen, halbieren und die Kerne mit einem Löffel entfernen. Das Fruchtfleisch in etwa 1 cm große Würfel schneiden.
2. Die Zwiebel abziehen und in Ringe oder Spalten schneiden. Den Spinat waschen, putzen und verlesen. (Auch verpackten Spinat waschen, denn nur mit seiner Feuchtigkeit kann er gegart werden.)
3. Das Olivenöl in einer geräumigen Pfanne mit passendem Deckel (die Kürbiswürfel sollen möglichst nebeneinander darin Platz haben) erhitzen. Den Kürbis darin verteilen und anbraten, bis die Unterseite Farbe angenommen hat.
4. Die Zwiebel unter den Kürbis rühren und kurz mit anbraten. Den tropfnassen Spinat obenauf verteilen und zugedeckt dünsten lassen, bis er zusammengefallen ist.
5. Die Walnüsse grob hacken. Den Schafskäse mit einer Gabel zerteilen.
6. Den Deckel abnehmen, die Walnüsse in die Pfanne geben und alles gut miteinander vermischen. Mit Salz und Pfeffer abschmecken, auf 2 Teller verteilen und den Schafskäse darüberlöffeln oder getrennt dazu reichen.

**TIPP:** Nehmen Sie nur die Hälfte Schafskäse und ersetzen die andere Hälfte durch neutralen Tofu. Dafür den Tofu mit einer Gabel zerdrücken und mit dem Schafskäse vermischen. Das Gericht hat dann nur 4,4 g ungesättigte Fettsäuren.

# Blumenkohlcurry mit Kürbis und Spinat

**Für 2 Portionen**
**Pro Portion: 359 kcal | 10,4 g | 24,3 g F (davon 2,3 g GF) | 20,8 g KH | 7,6 g Bal**

## ZUTATEN

- 300 g Blumenkohl (ca. ½ Kopf)
- 200 g Hokkaido-Kürbis (vorbereitet gewogen)
- 100 g frischer Spinat
- 1 Stück Ingwer (walnussgroß)
- 1 kleine Zwiebel
- 2 EL Raps- oder Olivenöl
- 1 TL Madras-Currypulver (nach Geschmack auch mehr)
- 1 TL gemahlene Kurkuma
- 100 ml Wasser oder Gemüsebrühe
- 200 ml ungesüßter Mandeldrink
- 2 EL Tahin (Sesampaste)
- Salz, Pfeffer

1. Blumenkohl waschen und in mundgerechte Röschen teilen. Den Strunk klein würfeln. Die Kürbisschale mit einem feuchten Tuch reinigen, die Kerne entfernen und das Fruchtfleisch würfeln. Spinat waschen, verlesen und in einem Sieb abtropfen lassen.
2. Ingwer und Zwiebel schälen und in sehr kleine Würfel schneiden. Öl in einem beschichteten Topf erhitzen, Ingwer und Zwiebel hineingeben und kurz anschwitzen. Blumenkohl und Kürbis dazugeben und unter Rühren etwas anbraten.
3. Curry und Kurkuma unterrühren und mit Wasser oder Brühe ablöschen. Den Mandeldrink mit Tahin dazugeben, gut verrühren und alles 10–12 Minuten auf kleiner Flamme köcheln lassen, bis das Gemüse bissfest ist.
4. Den Spinat einrühren und zugedeckt 3–4 Minuten köcheln lassen, bis er zusammengefallen ist. Mit Salz und Pfeffer abschmecken und auf 2 tiefe Teller verteilen.

**TIPP:** Machen Sie doch gleich 4 Portionen von diesem Curry. Aufgewärmt schmeckt das Gemüse noch intensiver. Sie können das Gericht auch portionsweise einfrieren.

Wer mag, kann das Curry mit Erdnüssen bestreuen, die zuvor in der beschichteten Pfanne ohne Fett goldgelb geröstet wurden. Sie enthalten Folsäure, B-Vitamine und Saponine – gute Stoffe, die Ihnen helfen, Ihre Cholesterinwerte in den Griff zu bekommen.

# Überbackene Auberginen und Zucchini mit Tomatenpüree

**Für 2 Portionen**
**Pro Portion: 138 kcal | 7,5 g E | 1,5 g F (davon 0,4 GF) | 19,7 g KH | 5,3 g Bal**

## ZUTATEN

- 200 g Auberginen
- 200 g Zucchini
- 200 g feste Tomaten
- 100 ml Gemüsebrühe (Fertigprodukt)
- 1 Dose gehackte Tomaten (400 g Einwaage)
- 1 Zweig Rosmarin
- 2 Knoblauchzehen
- Salz, Pfeffer
- 2 EL Balsamessig
- 2 Stängel glatte Petersilie

1. Den Backofen auf 180 °C Ober-/Unterhitze (Umluft 160 °C) vorheizen.
2. Gemüse waschen, putzen und in etwa ½ cm dicke Scheiben schneiden. Gemüsescheiben abwechselnd in eine feuerfeste Form (etwa 20 × 15 cm) schichten, mit Brühe begießen und zugedeckt (Backpapier oder Alufolie) 20 Minuten im Backofen dämpfen.
3. In der Zwischenzeit die gehackten Tomaten in einen kleinen Topf geben. Rosmarin waschen, mit Küchenpapier trocken tupfen, die Nadeln vom Stängel zupfen und hacken. Knoblauch schälen und durch eine Knoblauchpresse drücken. Beides zu den Tomaten geben, aufkochen und bei kleiner Hitze etwas einkochen lassen.
4. Tomatenpüree mit Salz, Pfeffer und Balsamessig abschmecken und über das Gemüse geben. Weitere 15–20 Minuten backen, bis das Gemüse weich ist.
5. Die Petersilie waschen, trocken schütteln, die Blätter von den Stängeln zupfen, hacken und über den Auflauf streuen.

**TIPP:** Wenn etwas übrig bleibt, können Sie das Gemüse mit etwas Balsamessig mild erhitzen und als Brotaufstrich oder Beilage verwenden.

# Lauchquiche ohne Ei

**Für 4 Portionen**
**Pro Portion: 408 kcal | 11,3 g E | 25,8 g F (davon 3,0 g GF) | 29,9 g KH | 5,2 g Bal**

## ZUTATEN

**Für den Teig:**
- 1 EL gemahlene Leinsamen
- 4 EL Wasser
- 140 g Weizenmehl (Type 550) oder Kichererbsenmehl
- 60 g gemahlene Mandeln
- 4 EL Olivenöl
- ½ TL Salz

**Für den Belag:**
- 1 kleine Zwiebel
- 2 Stangen Lauch (ca. 250 g geputzt gewogen)
- 1 EL Raps- oder Olivenöl
- 150 ml Gemüsebrühe (Fertigprodukt)
- Salz, Pfeffer
- 100 g Tofu oder Hummus (Fertigprodukt oder Rezept Seite 49)

1. Den Backofen auf 180 °C Ober-/Unterhitze (Umluft 160 °C) vorheizen.
2. Gemahlene Leinsamen in eine Schüssel geben, Wasser hinzufügen und verrühren. 5–10 Minuten quellen lassen.
3. Alle Zutaten für den Teig in einer Küchenmaschine (oder in einer Schüssel mit dem Knethaken des Handrührgeräts) kneten, bis der Teig zusammenklumpt. Eventuell noch etwas Wasser zufügen.
4. Teig zu einer Kugel formen und auf einer glatten Unterlagen zu einem Kreis – etwas größer als die Form – ausrollen. Teig in eine Quicheform (ø ca. 24 cm) legen und den Rand hochziehen. Im vorgeheizten Backofen 15 Minuten vorbacken.
5. In der Zwischenzeit die Zwiebel abziehen und in Scheiben schneiden. Den Lauch putzen, am oberen Ende längs einschneiden, die Blätter auffächern und gründlich waschen. Lauch mit möglichst viel vom dunklen Grün in Ringe schneiden.
6. Öl in einer beschichteten Pfanne erhitzen. Zwiebeln und dunkelgrüne Teile des Lauchs unter Rühren etwas anbraten. Mit Gemüsebrühe ablöschen und die restlichen Lauchteile dazugeben. Bei mittlerer Hitze köcheln lassen, bis die Flüssigkeit verdampft ist. Mit Salz und Pfeffer abschmecken.
7. Tofu in sehr kleine Würfel schneiden und auf dem Quicheboden verteilen. (Alternativ mit dem Hummus bestreichen.) Mit dem Lauch bedecken.
8. Im Backofen 20 Minuten backen, bis der Teig am Rand goldgelb ist. Die Quiche vor dem Anschneiden abkühlen lassen und lauwarm oder kalt genießen.

**TIPP:** Gemahlene oder geschrotete Leinsamen mit Wasser sind ein sehr beliebter Ei-Ersatz. Wer es einfacher haben möchte, kann im Bioladen oder Reformhaus fertigen veganen Ei-Ersatz kaufen.

Kichererbsenmehl und Hummus enthalten Saponine sowie Sitosterin (ein Phytosterin), welche die Aufnahme von Cholesterin im Darm hindern. Der hohe Ballaststoffgehalt trägt ebenfalls dazu bei, den Cholesterinspiegel zu senken.

# Backofengemüse

**Für 2 Portionen**
**Pro Portion: 455 kcal | 7,7 g E | 23,5 g F (davon 3,3 g GF) | 46,3 g KH | 13,6 g Bal**

## ZUTATEN

- 1 rote Zwiebel
- 300 g Kartoffeln
- 300 g Möhren
- 1 rote Paprikaschote
- 4 Knoblauchzehen
- 200 g Strauchtomaten
- 3 EL Olivenöl
- grobes Meersalz
- 4 Zweige Thymian
- 1 Zweig Rosmarin nach Belieben

1. Den Backofen auf 200 °C Ober-/Unterhitze (Umluft weniger geeignet) vorheizen.
2. Die Zwiebel abziehen und vierteln. Kartoffeln und Möhren schälen, putzen und waschen. Kartoffeln längs in Spalten, Möhren in 1 cm dicke Stifte schneiden. Paprikaschote putzen, waschen und längs in große Stifte schneiden. Dabei spielt es keine Rolle, wie lang die Stifte sind, sie sollen nur etwa gleich dick sein.
3. Die Knoblauchzehen an der flachen Seite auf die Arbeitsfläche drücken, bis sie aufplatzen. (Nach dem Garen kann man dann das Fruchtfleisch herausquetschen – für Knoblauchliebhaber ein Festschmaus!) Die Tomaten waschen und mit einem spitzen Messer einige Male einstechen.
4. Das Gemüse in eine ofenfeste Form geben, mit dem Olivenöl beträufeln und gut vermischen, sodass alles gleichmäßig vom Olivenöl benetzt ist.
5. Mit Meersalz bestreuen, die Kräuterstängel zwischen das Gemüse stecken und das Ganze 30–35 Minuten im vorgeheizten Backofen backen, bis alles leicht gebräunt ist. Zwischendurch einmal mit einem Pfannenwender umrühren. Auf 2 Teller verteilen oder in der Form auf den Tisch stellen.

**TIPP:** Die Gemüsesorten können Sie natürlich variieren. Kohlrabi und Süßkartoffel sind sehr gut geeignet, ebenso Blumenkohl oder Brokkoli. Achten Sie darauf, dass Sie für die beiden Portionen insgesamt auf ca. 1 kg Gemüse kommen.

Gut passt dazu ein Dip aus 125 g Quark, verrührt mit 50 ml Milch (beides fettarm), etwas Salz, edelsüßem Paprikapulver und 1 Msp. gemahlenem Zimt.

# Rosenkohl mit Äpfeln und Lauch

**Für 2 Portionen**
**Pro Portion: 270 kcal | 15,9 g E | 9,1 g F (davon 1,1 g GF) | 22,5 g KH | 16,8 g Bal**

## ZUTATEN

600 g Rosenkohl
500 ml Wasser
1 mittelgroße Stange Lauch
1 säuerlicher Apfel
1–2 EL Zitronensaft
1 EL Rapsöl
Salz, Pfeffer

1. Den Rosenkohl putzen und halbieren oder vierteln. Wasser in einen Topf mit Dampfgareinsatz füllen und den Rosenkohl in den Einsatz geben. 15–20 Minuten bissfest dämpfen.
2. In der Zwischenzeit den Lauch putzen, am oberen Ende längs aufschlitzen, auffächern und gründlich waschen. Lauch in etwa ½ cm breite Ringe schneiden. Den Apfel schälen, Kerngehäuse entfernen, das Fruchtfleisch würfeln und gleich mit 1 EL Zitronensaft beträufeln.
3. Das Öl in einer beschichteten, geräumigen Pfanne erhitzen und die Lauchringe unter Rühren 6–7 Minuten anbraten. Die Apfelwürfel unterrühren und weitere 3 Minuten alles zusammen braten.
4. Den Rosenkohl unterheben und das Gericht mit Salz, Pfeffer und nach Belieben Zitronensaft abschmecken.

**INFO:** Die im Rosenkohl enthaltenen Bitterstoffe, das Allicin im Lauch und der Ballaststoff Pektin im Apfel: geballte Kraft gegen hohes LDL-Cholesterin!

# Polenta mit Pfifferlingen

**Für 2 Portionen**
**Pro Portion: 383 kcal | 7,6 g E | 16,2 g F (davon 2,1 g GF) | 47,1 g KH | 9,0 g Bal**

## ZUTATEN

- Salz
- ½ l Wasser
- 125 g Maisgrieß (Polenta)
- Muskatnuss, frisch gerieben
- 200 g Pfifferlinge oder andere Pilze
- frische Kräuter nach Wahl (z.B. Petersilie, Dill, Zitronenmelisse oder Minze)
- 2 EL Olivenöl
- Pfeffer

1. ½ TL Salz und Wasser in einen Topf geben und zum Kochen bringen. Nach und nach unter Rühren den Maisgrieß einrieseln lassen und auf kleinster Flamme nach Packungsanleitung quellen lassen – die Polenta soll noch breiig bleiben. Mit Muskatnuss würzen und anschließend zugedeckt warmhalten.
2. In der Zwischenzeit die Pilze behutsam mit Küchenpapier säubern, putzen und in mundgerechte Stücke schneiden. Kräuter waschen, von den Stängeln zupfen und behutsam mit Küchenpapier trocken tupfen.
3. Das Olivenöl in einer beschichteten Pfanne erhitzen. Die Pilze unter Rühren 5–6 Minuten anbraten und mit Pfeffer würzen.
4. Die Polenta auf 2 Teller verteilen und die Pilze und Kräuter obenauf geben.

**INFO:** Polenta ist gemahlener Maisgrieß und besonders in Österreich, Italien und der Schweiz beliebt. Zur Herstellung werden getrocknete Maiskörner gemahlen. Somit sind die gesunden Inhaltsstoffe und Ballaststoffe der gelben Körner auch im Grieß enthalten. Sie bekommen Polenta mittlerweile auch in Supermärkten.

# Polenta-Quiche

**Für 4 Portionen**
**Pro Portion: 287 kcal | 13,8 g E | 11,7 g F (davon 4,0 g GF) | 30,6 g KH | 1,9 g Bal**

## ZUTATEN

- 50 g Rucola
- 50 g junger Spinat
- 75 g Maisgrieß (Polenta)
- 75 g Hafermehl oder Weizenmehl Type 550)
- 1 gestrichener TL Salz
- 2 EL Leinsamenschrot (in 8 EL Wasser quellen lassen) oder 2 Eier Größe M
- 75 ml ungesüßter Haferdrink
- 1 Kugel Mozzarella »light«
- 1 rote Zwiebel
- 1 EL Olivenöl

1. Rucola und Spinat in ein Sieb geben, waschen, verlesen und gut abtropfen lassen.
2. Aus Maisgrieß, Hafermehl, Salz, Ei-Ersatz oder Eiern und Haferdrink in einer Schüssel mit dem Handrührgerät oder Schneebesen einen glatten Teig rühren. Diesen ca. 10 Minuten quellen lassen.
3. In der Zwischenzeit den Backofen auf 180 °C Ober-/Unterhitze (Umluft 160 °C) vorheizen.
4. Den Mozzarella abtropfen lassen und in etwa 1 cm große Würfel schneiden. Die Zwiebel abziehen und längs oder quer halbieren und in feine Spalten oder Ringe schneiden.
5. Mozzarella, Zwiebel, Rucola und Spinat zum Teig geben und alles gut miteinander vermischen.
6. Eine Quicheform mit Öl einfetten (wenn Sie eine Silikonform verwenden, können Sie auf das Öl verzichten), den Teig einfüllen und im Backofen auf der mittleren Schiene 25–30 Minuten backen, bis die Quiche an den Rändern goldbraun ist.

**TIPP:** Wenn Ihnen ca. 170 g fertiges Gericht zu wenig sind, essen Sie einen Salat dazu. Zum Beispiel aus Tomaten und etwas Rucola. Das gibt zusätzliche Bitterstoffe, die gut für Ihre Leber und damit gegen hohes Cholesterin sind.

**TIPP:** Diese einfache Quiche ist superschnell gemacht. Statt Teig und Belag gesondert vorzubereiten, wird einfach alles in einer Schüssel miteinander verrührt.

Wenn Sie anderes Gemüse verwenden wollen, sollte es allerdings eher blättrig oder weich sein, damit es in der Backzeit auch gar wird. Zum Beispiel Zucchini in dünnen Scheiben, geviertelte Cocktailtomaten oder fein geschnittener Chinakohl.

# Hirse-Gemüse-Pfanne

**Für 2 Portionen**

**Pro Portion: 389 kcal | 10,3 g E | 15,3 g F (davon 1,7 g GF) | 46,8 g KH | 11,5 g Bal**

## ZUTATEN

- 100 g Hirse
- 250 ml Gemüsebrühe
- 1 Zwiebel
- 200 g grüne Bohnen
- 200 g Möhren
- 200 g Staudensellerie
- 2 EL Rapsöl
- Salz, Pfeffer
- 1–2 EL Zitronensaft nach Belieben

1. Die Hirse in ein Sieb schütten und heiß abbrausen. In einen kleinen Topf füllen, die Gemüsebrühe dazugeben und aufkochen lassen. Dann die Temperatur auf kleinste Stufe stellen und zugedeckt quellen lassen. Wenn alle Flüssigkeit aufgesogen ist, vom Herd nehmen.
2. In der Zwischenzeit die Zwiebel abziehen und klein würfeln. Bohnen, Möhren und Staudensellerie putzen bzw. schälen, waschen und in kleine Würfel oder Stifte schneiden.
3. Rapsöl in einer beschichteten Pfanne mit hohem Rand mild erhitzen und das vorbereitete Gemüse unter Rühren abraten.
4. Die Hirse unterrühren und alles zusammen zugedeckt auf kleiner Flamme durchziehen lassen. Eventuell etwas Gemüsebrühe zufügen, damit nichts anbrennt.
5. Mit Salz, Pfeffer und etwas Zitronensaft nach Belieben abschmecken.

**INFO:** Hirse ist mit ihren B-Vitaminen, Phosphat und Eisen gut für den Eiweiß- und Fettstoffwechsel. Das glutenfreie Getreide ist ein super Ballaststofflieferant.

Wichtig für Vegetarier und Veganer: Das pflanzliche Eisen kann besser verwertet werden, wenn Vitamin C vorhanden ist. Träufeln Sie einfach etwas Zitronensaft über Ihr Hirsegericht.

# Quinoa mit grünen Bohnen und gebratenem Tofu

**Für 2 Portionen**
**Pro Portion: 408 kcal | 20,4 g E | 15,3 g F (davon 1,0 g GF) | 52,6 g KH | 8,9 g Bal**

## ZUTATEN

- 100 g Quinoa
- 250 ml Gemüsebrühe (Fertigprodukt)
- 200 g grüne Bohnen
- 150 g Brokkoli oder Rosenkohl
- 500 ml Wasser
- 1 Orange
- 2 EL Sojasoße
- 200 g Natur- oder geräucherter Tofu
- 1 EL Rapsöl
- Salz, Pfeffer

**TIPP:** Wer Tofu nicht mag, kann dieselbe Menge Schafskäse, Hähnchenbrust oder Lachsfilet in Würfel schneiden und anbraten.

**INFO:** Grüne Bohnen enthalten Folsäure, Eiweiß und Ballaststoffe. Damit tragen sie zur Darmgesundheit und Regulierung des Cholesterinspiegels bei. Zudem sind sie ein Schlankmacher: pro 100 Gramm nur 32 kcal!

1. Quinoa in ein Sieb schütten und heiß abbrausen. Mit der Gemüsebrühe in einen kleinen Topf geben, aufkochen und zugedeckt auf sehr kleiner Flamme 10 Minuten köcheln lassen. Dann offen 5 Minuten oder länger ausdampfen und quellen lassen.
2. In der Zwischenzeit die Bohnen putzen und in etwa 3 cm lange Stücke schneiden. Den Brokkoli in mundgerechte Röschen teilen.
3. Einen Topf mit Dampfgareinsatz mit 500 ml Wasser befüllen. Bohnen und Brokkoli in den Dampfgareinsatz geben. Gemüse 10 Minuten bissfest dämpfen.
4. Die Orange auspressen (es soll etwa 75 ml Saft ergeben). Orangensaft mit der Sojasoße vermischen.
5. Den Tofu in mundgerechte Würfel schneiden. Das Öl in einer geräumigen hohen Pfanne (Quinoa und Gemüse sollen nachher darin Platz haben) mild erhitzen und die Tofuwürfel von allen Seiten knusprig anbraten.
6. Mit dem Orangen-Soja-Gemisch ablöschen, Quinoa unterrühren und das Ganze aufkochen lassen. Dann das Gemüse unterheben und das Gericht mit Salz und Pfeffer abschmecken.

# Quinoa mit Kichererbsen und Pilzen

**Für 2 Portionen**
**Pro Portion: 464 kcal | 17,6 g E | 13,1 g F (davon 0,8 GF) | 62,0 g KH | 14,0 g Bal**

## ZUTATEN

- 100 g Brokkoliköpfchen
- 150 g weiße Quinoa
- 400 ml Gemüsebrühe (Fertigprodukt)
- 150 g Austernpilze
- 1 EL Rapsöl
- 1 kleine Dose Kichererbsen (150 g Einwaage)
- Salz, Pfeffer
- 2 EL Apfelessig
- 1 EL Sojasoße nach Belieben

1. Die Brokkoliköpfchen von den Stielen schneiden (Stiele anderweitig verwenden) und nochmals längs halbieren oder vierteln.
2. Quinoa in ein Sieb schütten und heiß abbrausen. Mit der Gemüsebrühe in einen mittelgroßen Topf geben und die Brokkoliköpfchen einrühren. Aufkochen lassen, dann die Hitze reduzieren und 12–15 Minuten köcheln lassen, bis das Gemüse weich ist.
3. In der Zwischenzeit die Austernpilze längs in Streifen schneiden. Das Öl in einer geräumigen Pfanne mild erhitzen und die Pilze unter Rühren goldgelb anbraten.
4. Die Kichererbsen mit ihrer Flüssigkeit dazugeben und in der Pfanne erwärmen.
5. Das Brokkoli-Quinoa-Gemisch dazugeben und gut verrühren. Das Gericht mit Salz, Pfeffer, Apfelessig und – nach Belieben – Sojasoße pikant abschmecken.

**INFO:** Austernpilze enthalten Faserstoffe, welche die Herstellung von Cholesterin hemmen können – und außerdem viele Ballaststoffe, die zur Ausscheidung von vorhandenem LDL-Cholesterin im Darm beitragen. Auch Shiitakepilze haben ähnliche Eigenschaften.

# Hirsepuffer

**Für 2 Portionen**
**Pro Portion (4 Stück):**
**488 kcal | 11,7 g E | 19,4 g F (davon 2,9 g GF) | 62,3 g KH | 9,0 g Bal**
**Pro Burger: 122 kcal | 2,9 g E | 4,8 g F (davon 0,7 g GF) | 15,6 g E | 2,2 g Bal**

## ZUTATEN

- 1 Zwiebel
- 1 Knoblauchzehe
- 2 EL Oliven- oder Rapsöl
- 125 g Goldhirse
- 350 ml Gemüsebrühe (Fertigprodukt)
- 1 TL getrockneter Thymian
- 1 EL gemahlene Leinsamen
- 4 EL Wasser
- 125 g Möhren
- 3 Stängel glatte Petersilie
- 30 g Paniermehl
- Salz, Pfeffer

1. Die Zwiebel abziehen und fein hacken. Die Knoblauchzehe schälen und durch eine Knoblauchpresse drücken.
2. Öl in einem mittelgroßen Topf erhitzen. Zwiebel und Knoblauch bei milder Hitze unter Rühren darin andünsten. Die Hirse dazugeben und kurz mitdünsten.
3. Mit Gemüsebrühe aufgießen und den Thymian einrühren. Die Hirse aufkochen und anschließend 15 Minuten auf kleiner Flamme zugedeckt köcheln lassen.
4. In der Zwischenzeit die Leinsamen mit Wasser in einer kleinen Schüssel quellen lassen. Die Möhren schälen, putzen und grob raspeln. Die Petersilie waschen, trocken schütteln, die Blätter von den Stängeln zupfen und hacken.
5. Den Deckel vom Hirsetopf abnehmen, Hirse mit einer Gabel auflockern. 20 Minuten ausdampfen und weiter quellen lassen.
6. Den Backofen auf 180 °C Ober-/Unterhitze (Umluft 160 °C) vorheizen. Möhren, Petersilie, Leinsamenmischung und Paniermehl gut mit der Hirse verrühren und das Ganze mit Salz und Pfeffer würzen.
7. Ein Backblech mit Backpapier auslegen und aus dem Hirseteig 8 Puffer formen. Auf der mittleren Schiene des Backofens von jeder Seite 15 Minuten backen.

**TIPP:** Die Puffer eignen sich gut zum Mitnehmen und pur Essen. Gut dazu passt Joghurtdip oder ein Tomaten-Rucola-Salat.

**INFO:** Wir haben dieses Rezept mit Leinsamen als Ei-Ersatz zubereitet. Wenn Sie den Teig etwas fester gebunden haben wollen, können Sie gerne auch zusätzlich noch ein Ei verwenden.

# Buchweizenrisotto mit Roter Bete

**Für 2 Portionen**
**Pro Portion: 441 kcal | 13,3 g E | 11,8 g F (davon 2,9 g GF) | 67,4 g KH | 6,6 g Bal**

## ZUTATEN

2 Stängel Lauchzwiebeln
2 Knoblauchzehen
200 g frische Rote Bete
1 EL Olivenöl
600 ml Gemüsebrühe (Fertigprodukt)
1 TL Kümmel
150 g Buchweizen
2 Stängel glatte Petersilie
Salz, Pfeffer
1–2 EL Zitronensaft
20 g Parmesan, gerieben

1. Die Lauchzwiebeln abziehen, putzen und mit viel Grün in schmale Ringe schneiden. Knoblauch schälen und in feine Scheiben schneiden. Die Roten Beten schälen (am besten Sie schützen Ihre Hände mit Einmalhandschuhen o. Ä. – die rote Farbe haftet hartnäckig) und in ½ cm kleine Würfel schneiden.
2. Olivenöl in einem mittelgroßen Topf erhitzen. Zwiebel und Knoblauch unter Rühren darin andünsten. Rote Bete, Gemüsebrühe und Kümmel dazugeben und zugedeckt 15 Minuten auf mittlerer Flamme nicht ganz weich kochen.
3. Buchweizen in ein Sieb geben und heiß abbrausen. Zur Roten Bete geben und alles zusammen bei kleiner Hitze 15–20 Minuten weich kochen.
4. In der Zwischenzeit die Petersilie waschen, trocken schütteln, die Blätter von den Stängeln zupfen und hacken.
5. Buchweizenrisotto mit Salz, etwas Pfeffer und Zitronensaft abschmecken, den Parmesan einrühren und mit Petersilie bestreuen.

**TIPP:** Je Teller 2 EL saure Sahne auf dem Risotto schmecken gut dazu. Statt der Petersilie können Sie auch mal ein Kästchen Kresse verwenden.

# Buchweizen mit gebratenen Champignons

**Für 2 Portionen**
**Pro Portion: 366 kcal | 9,3 g E | 15,0 g F (davon 1,4 g GF) | 44,7 g KH | 7,8 g Bal**

## ZUTATEN

100 g Buchweizen
300 ml Gemüsebrühe (Fertigprodukt) oder Wasser
150 g braune oder weiße Champignons
1 Zwiebel
150 g Möhren
2 Stängel glatte Petersilie
2 EL Rapsöl
Salz, Pfeffer
1–2 EL Sojasoße

1. Buchweizen in ein Sieb schütten und mit heißem Wasser abbrausen. Die Gemüsebrühe in einem kleinen Topf zum Kochen bringen, den Buchweizen einrühren und 10 Minuten bei geringer Hitze quellen lassen. Vom Herd nehmen, mit einer Gabel auflockern und offen ausdampfen lassen.
2. In der Zwischenzeit die Champignons mit Küchenpapier säubern, putzen und in Scheiben schneiden. Die Zwiebel abziehen und klein würfeln. Die Möhren schälen, putzen und in kleine Würfel schneiden. Die Petersilie waschen, trocken schütteln, die Blätter von den Stängeln zupfen und nach Belieben fein oder gröber hacken.
3. Das Öl in einer beschichteten Pfanne mild erhitzen. Zwiebel- und Möhrenwürfel unter Rühren 4–5 Minuten darin anbraten.
4. Die Hitze erhöhen, die Champignons dazugeben und kräftig anbraten.
5. Den Buchweizen unterrühren und das Gericht mit Salz, Pfeffer und Sojasoße abschmecken.

**INFO:** Buchweizen enthält viele ungesättigten Fettsäuren, die Ihre »guten« Cholesterinwerte (HDL) erhöhen, und Ballaststoffe, die das »schlechte« Cholesterin (LDL) senken.

# Zucchiniküchlein mit Haferflocken

**Für 2 Portionen**
**Pro Portion: 455 kcal | 14,7 g E | 22,9 g F (davon 2,8 g GF) | 42,2 g KH | 10,0 g Bal**

## ZUTATEN

- 2 EL gemahlene Leinsamen oder Leinsamenschrot
- 8 EL Wasser
- 500 g Zucchini
- 5 Stängel Lauchzwiebeln
- 2 Knoblauchzehen
- 4 Stängel glatte oder krause Petersilie
- 2 EL Olivenöl
- ½ TL Kreuzkümmel
- ½ TL Kurkuma
- 100 g Haferflocken
- Salz, Pfeffer

**TIPP:** Zu den Zucchiniküchlein passen 150 g Naturjoghurt, den Sie mit etwas Salz und 30 g frischen Kräutern nach Wahl verrühren können.

1. Den Backofen auf 200 °C Ober-/Unterhitze (Umluft 180 °C) vorheizen.
2. Leinsamenschrot mit Wasser in eine kleine Schüssel geben, verrühren und 10 Minuten quellen lassen.
3. Die Zucchini waschen, putzen und auf der groben Seite einer Küchenreibe raspeln. In eine Schüssel geben.
4. Die Lauchzwiebeln abziehen und mit viel dunklem Grün klein hacken. Die Knoblauchzehen schälen und durch eine Knoblauchpresse drücken. Die Petersilie waschen, trocken schütteln, die Blätter von den Stängeln zupfen und hacken.
5. Olivenöl in einer geräumigen beschichteten Pfanne erhitzen. Zwiebeln, Knoblauch und Petersilie darin leicht anbraten.
6. Die Zucchiniraspel gut ausdrücken und zusammen mit Kreuzkümmel, Kurkuma, Haferflocken, gequollenem Leinsamenschrot, Salz und Pfeffer in die Pfanne geben und alles gut verrühren.
7. Ein Backblech mit Backpapier auslegen. Mit feuchten Händen aus dem Zucchiniteig 8 Küchlein formen und auf das Blech legen. Im vorgeheizten Backofen jeweils 10 Minuten auf jeder Seite goldgelb backen.

**INFO:** Gemahlene Leinsamen oder Leinsamenschrot, mit Wasser angerührt, gelten als sehr guter Ei-Ersatz. In Ihrer cholesterinkontrollierten Ernährung sind Eier aber nicht komplett verboten. Sie können für dieses Rezept gerne auch 2 Eier, Größe M, verwenden.

# Rollgerste mit Pilzen

**Für 4 Portionen**
**Pro Portion: 277 kcal | 8,5 g E | 4,5 g F (davon 0,6 g GF) | 46,9 g KH | 7,5 g Bal**

## ZUTATEN

- 1 Zwiebel
- 150 g Rollgerste
- 1 EL Rapsöl
- 800 ml Gemüsebrühe (Fertigprodukt)
- 4 Wacholderbeeren
- 300 g Möhren
- 300 g Kartoffeln
- 200 g braune Champignons
- 4 Stängel glatte Petersilie
- etwas Zitronensaft nach Belieben
- Salz, wenig Pfeffer

1. Die Zwiebel abziehen und klein würfeln. Die Gerste in ein Sieb geben und heiß abbrausen. Das Öl in einem geräumigen beschichteten Topf erhitzen und die Zwiebel darin unter Rühren glasig andünsten.
2. Die Gerste zu den Zwiebeln geben und kurz mitdünsten. Mit Gemüsebrühe aufgießen und die Wacholderbeeren einstreuen. Aufkochen und 40–45 Minuten nach Packungsanleitung auf kleiner Flamme köcheln lassen.
3. In der Zwischenzeit Möhren und Kartoffeln schälen, putzen, waschen und in Scheiben bzw. Würfel schneiden. Die Champignons mit Küchenpapier säubern, eventuell die Stiele abschneiden und die Köpfchen in Scheiben schneiden.
4. Nach etwa 15 Minuten Kochzeit die Möhren und Kartoffeln zur Gerste geben. 10 Minuten vor Ende der Kochzeit, wenn die Gerste noch bissfest ist, die Champignons dazugeben.
5. Die Petersilie waschen und mit Küchenpapier trocken tupfen. Blätter von den Stängeln zupfen und hacken.
6. Eintopf mit Zitronensaft, Salz und Pfeffer abschmecken und mit Petersilie bestreuen.

**TIPP:** Rollgerste eignet sich nicht nur für Eintöpfe. Sie ist auch eine gute und ballaststoffreiche Beilage zu gekochtem oder gebratenem Fleisch. Außerdem können Sie Gerste auch wie ein Risotto zubereiten: Nach dem Aufkochen zugedeckt auf kleinster Flamme 1 Stunde ziehen lassen, bis alles schön cremig ist. Dann mit Olivenöl (oder Butter) und Parmesan abschmecken.

# Weiße Bohnen in Tomatensoße

**Für 2 Portionen**
**Pro Portion: 581 kcal | 11,3 g E | 9,1 g F (davon 1,2 g GF) | 23,6 g KH | 9,1 g Bal**

## ZUTATEN

- 1 Dose weiße Bohnen (ca. 240 g Abtropfgewicht)
- 1 kleine Zwiebel
- 1 EL Olivenöl
- 1 Dose gehackte Tomaten (400 g Einwaage)
- 1 TL getrockneter Oregano
- 1 TL getrockneter Majoran
- 2 Stängel frisches Basilikum
- Salz, Pfeffer
- 1 EL Balsamessig

1. Die Bohnen durch ein Sieb abgießen und dabei die Kochflüssigkeit auffangen.
2. Die Zwiebel abziehen und klein würfeln. Das Öl in einem mittelgroßen Topf erhitzen und die Zwiebel unter Rühren goldgelb anbraten.
3. Die Tomaten aus der Dose dazugeben und mit Oregano und Majoran würzen. Nach Belieben 2–3 EL der Bohnenflüssigkeit zugeben und die Soße bei mittlerer Hitze etwas einkochen lassen. (Durch die Bohnenflüssigkeit wird sie cremiger. Siehe auch Seite 63)
4. Das Basilikum waschen, trocken schütteln, die Blätter von den Stängeln zupfen und hacken.
5. Die Bohnen zur Tomatensoße geben und 2 Minuten darin erhitzen. Mit Salz, Pfeffer und Essig abschmecken und mit Basilikum bestreuen.

**INFO:** Bohnen enthalten viel Kalium, das den Flüssigkeitshaushalt regelt, und außerdem Kalzium für Ihre Knochen und Zähne, Magnesium für Muskeln und Nerven, Eisen, Zink und vieles mehr. Für Ihren Cholesterinspiegel sind nicht nur die reichlich vorhandenen Ballaststoffe gut, sondern auch die Phytosterine, welche die Aufnahme des Cholesterins im Darm blockieren. Für Sie von Vorteil sind alle Bohnensorten, ob Augenbohnen, italienische Borlotti- und Cannelini-Bohnen, japanische Edamame, süßliche Adzuki oder nussig schmeckende Feuerbohnen.

# Erbsen und Möhren mit Hummus

**Für 2 Portionen**
**Pro Portion: 241 kcal | 13,3 g E | 4,6 g F (davon 0,8 g GF) | 28,9 g KH | 15,7 g Bal**

## ZUTATEN

- 300 g TK-Erbsen
- 400 g Möhren
- 300 ml Wasser
- 3 Stängel glatte Petersilie
- 100 g Hummus (Fertigprodukt oder Rezept auf Seite 49)
- Salz, Pfeffer
- Zitronensaft nach Belieben

**TIPP:** Hummus wird klassisch mit Fladenbrot gegessen, schmeckt aber ebenso gut zu gedämpftem oder gebratenem Gemüse. Durch die Verwendung dieser Kichererbsencreme anstelle von Mascarpone oder Frischkäse sparen Sie viel der in tierischen Produkten enthaltenen gesättigten Fettsäuren und profitieren von den Ballaststoffen und B-Vitaminen der Kichererbsen.

1. Die Erbsen in eine Schüssel geben und antauen lassen. Die Möhren schälen, putzen und in etwa 1 cm große Würfel schneiden.
2. Wasser in einen Topf mit Dampfgareinsatz füllen und die Möhren in den Einsatz geben. Möhren 8–10 Minuten bissfest dämpfen, dann die angetauten Erbsen obenauf geben und weitere 2–3 Minuten unter Dampf fertig tauen lassen und erhitzen.
3. In der Zwischenzeit die Petersilie waschen, trocken schütteln, die Blätter von den Stängeln zupfen und klein hacken.
4. Den Dampfgareinsatz abnehmen, das restliche Wasser in ein Gefäß umfüllen.
5. Hummus und Gemüse im noch heißen Topf verrühren und nach Belieben mit dem Garwasser verdünnen.
6. Mit Salz, Pfeffer und Zitronensaft abschmecken und mit Petersilie bestreuen.

# Linsen-Dal mit Blumenkohl und Haferflocken

**Für 2 Portionen**
**Pro Portion: 369 kcal | 17,9 g E | 10,3 g F (davon 1,0 g GF) | 45,2 g KH | 11,5 g Bal**

## ZUTATEN

1 kleine Zwiebel
25 g frischer Ingwer
300 g Blumenkohl
100 g Möhren
1 EL Rapsöl
1 EL mildes Currypulver
½ TL gemahlene Kurkuma
75 g gelbe oder rote Linsen
40 g Haferflocken
400 ml Gemüsebrühe (Fertigprodukt)
50 g frischer Spinat
1 große Strauchtomate
Salz, schwarzer Pfeffer

1. Die Zwiebel abziehen und fein hacken. Ingwer schälen und in kleine Würfel schneiden. Blumenkohl waschen, putzen und in Röschen teilen. Möhren schälen, putzen und in etwa 1 cm große Würfel oder Scheiben schneiden.
2. Öl in einem mittelgroßen Topf mild erhitzen und die Zwiebel goldgelb anbraten. Die Ingwerwürfel dazugeben und kurz mitbraten.
3. Currypulver, Kurkuma, Linsen, Blumenkohl, Möhren, Haferflocken und Brühe dazugeben. Aufkochen lassen und anschließend bei sehr kleiner Hitze zugedeckt 20 Minuten köcheln lassen, bis fast alle Flüssigkeit aufgesogen ist und die Linsen cremig und sehr weich sind.
4. In der Zwischenzeit den Spinat putzen, eventuell die harten Stängel entfernen und größere Blätter klein zupfen. Die Tomate längs halbieren und die Kerne entfernen. Das Fruchtfleisch würfeln.
5. Spinat und Tomatenwürfel unter die Linsen rühren und weitere 5 Minuten bei kleinster Hitze garen, bis der Spinat weich ist. Mit Salz und Pfeffer abschmecken.

**INFO:** Dal (auch Daal oder Dhal) bezeichnet ein indisch-pakistanisches Hülsenfruchtgericht, bei dem Linsen, Bohnen oder Kichererbsen sehr weich, fast breiartig, zerkocht werden.

# Berglinsen mit Möhren und Tomaten

**Für 2 Portionen**
**Pro Portion: 237 kcal | 9,0 g E | 8,6 g F (davon 1,4 g GF) | 26,1 g KH | 9,2 g Bal**

## ZUTATEN

- 200 g Möhren
- 1 kleine Zwiebel
- 1 Knoblauchzehe
- 1 EL Olivenöl
- 1 EL Tomatenmark
- 400 ml Gemüsebrühe (Fertigprodukt)
- 125 g Berglinsen
- 1 TL getrockneter Thymian
- 300 g Fleischtomaten
- Salz, Pfeffer
- 1–2 EL Apfelessig

1. Die Möhren schälen, putzen und in etwa 1 cm große Würfel schneiden. Die Zwiebel abziehen und klein würfeln. Den Knoblauch schälen und in feine Scheiben schneiden.
2. Olivenöl in einem beschichteten Topf erhitzen. Zwiebel und Knoblauch unter Rühren hellgelb anbraten. Das Tomatenmark unterrühren und kurz mitbraten.
3. Mit Gemüsebrühe aufgießen und die Linsen, Möhrenwürfel und Thymian dazugeben. Aufkochen lassen und bei kleiner Hitze 12–15 Minuten köcheln lassen, sodass die Linsen noch bissfest sind.
4. In der Zwischenzeit die Tomaten waschen, halbieren, die Stielansätze herausschneiden und das Fruchtfleisch in Würfel schneiden. Zu den Linsen geben und alles zusammen 8–10 Minuten köcheln lassen, bis die Tomaten halb zerfallen sind.
5. Mit Salz, Pfeffer und Essig pikant abschmecken.

**TIPP:** Wenn etwas übrig bleibt: Das Gericht hält sich 2–3 Tage im Kühlschrank. Mit etwas Essig und Öl kann daraus ein leckerer Salat werden.

**INFO:** Berglinsen sind kleine, braunrote festkochende Linsen. Sie sind bei Feinschmeckern sehr beliebt. Ebenso wie die Sorten Puy aus der Auvergne, die edlen Chateau- oder die Belugalinsen. Alle haben auch ohne Einweichen kurze Kochzeiten.

# Linsen mit buntem Gemüse

**Für 2 Portionen**
**Pro Portion: 436 kcal | 20,6 g E | 16,8 g F (davon 2,3 g GF) | 43,1 g KH | 15,1 g Bal**

## ZUTATEN

- 100 g rote oder gelbe Linsen
- 200 ml Wasser oder Gemüsebrühe (Fertigprodukt)
- 2 Knoblauchzehen
- 100 g Möhren
- 100 g rote oder gelbe Paprikaschoten
- 1 kleine Stange Lauch
- 100 g Blumenkohl
- 100 g Brokkoli
- 2 EL Olivenöl
- 1 Prise Chiliflocken oder Cayennepfeffer
- Salz, Pfeffer
- 2 Stängel frisches Basilikum

1. Die Linsen in ein Sieb geben und kalt abbrausen. Zusammen mit dem Wasser oder der Brühe in einen kleinen Topf geben, aufkochen lassen und zugedeckt auf kleiner Flamme 10 Minuten quellen lassen. Anschließend offen ausdampfen lassen.
2. Die Knoblauchzehen in ihrer Schale mit der stumpfen Seite auf die Arbeitsplatte drücken, sodass sie aufplatzen.
3. Die Möhren schälen, putzen und in etwa ½ cm große Würfel schneiden. Die Paprikaschoten waschen, putzen und klein würfeln. Den Lauch längs aufschlitzen, am oberen Rand auffächern und gründlich waschen. Lauch mit viel Grün in schmale Streifen schneiden.
4. Blumenkohl und Brokkoli waschen, die Köpfchen in kleinen, mundgerechten Stücken abschneiden und die Stiele würfeln.
5. Das Öl in einer geräumigen beschichteten Pfanne erhitzen. Knoblauch und Chiliflocken darin kurz anbraten. Lauch und Möhren dazugeben und unter Rühren 3 Minuten anbraten. Paprikawürfel zufügen und weitere 3 Minuten unter Rühren braten.
6. Blumenkohl und Brokkoli dazugeben und alles zusammen nochmals 3 Minuten unter Rühren garen. Die Linsen unterheben. Mit Salz und Pfeffer abschmecken, auf 2 Teller verteilen und mit Basilikum dekorieren.

**INFO:** Rote und gelbe Linsen sehen hübsch aus, müssen nicht eingeweicht werden und haben sehr kurze Kochzeiten, wobei sie leicht cremig werden.

Die bioaktiven Substanzen in allen Linsen, Saponine und Flavone, helfen den Cholesterinspiegel zu senken.

# Chili ohne Fleisch

**Für 4 Portionen**
**Pro Portion: 430 kcal | 21,1 g E | 9,8 g F (davon 1,4 g GF) | 58,5 g KH | 11,3 g Bal**

## ZUTATEN

- 1 große Zwiebel
- 3 Knoblauchzehen
- 1 rote Chilischote nach Belieben
- 2 EL Olivenöl
- 50 g Tomatenmark
- 500 ml Gemüsebrühe (Fertigprodukt)
- 200 g rote oder gelbe Linsen
- 500 ml passierte Tomaten
- 1–2 TL gemahlener Kreuzkümmel
- 1 EL mildes oder scharfes Paprikapulver
- 1 gelbe Paprikaschote
- 4 Stängel glatte Petersilie oder Koriander
- 1 Dose gehackte Tomaten (400 g Einwaage)
- 1 Dose Kidneybohnen (240 g Abtropfgewicht)
- Salz, Pfeffer

1. Die Zwiebel abziehen und fein hacken. Die Knoblauchzehen schälen und in dünne Scheiben schneiden oder durch eine Knoblauchpresse drücken. Die Chilischote – wenn sie verwendet wird – waschen, putzen, Kerne und Trennhäute entfernen und das Fruchtfleisch in sehr kleine Würfel schneiden.
2. Olivenöl in einem geräumigen beschichteten Topf erhitzen. Zwiebel, Knoblauch und Chilischote darin unter Rühren glasig dünsten. Das Tomatenmark dazugeben und kurz mit anbraten.
3. Mit der Gemüsebrühe ablöschen, die Linsen, die passierten Tomaten und die Gewürze dazugeben und das Ganze bei mittlerer Hitze 20–25 Minuten köcheln lassen, bis die Linsen fast zerfallen sind.
4. In der Zwischenzeit die Paprikaschote waschen, putzen und in Stifte oder Rauten schneiden. Die Petersilie waschen, trocken schütteln, die Blätter von den Stängeln zupfen und hacken.
5. Die gehackten Tomaten und Kidneybohnen (mit ihrer Flüssigkeit) ins Chili geben und aufkochen lassen. Mit Salz und Pfeffer abschmecken und mit Petersilie oder Koriander bestreuen.

**TIPP:** In Mexiko kommt immer 1 EL Kakaopulver (ohne Zucker) dazu – das gibt eine schöne Farbe und intensiviert das Aroma des Gerichts.

**INFO:** Der Ursprung dieses Gerichts liegt im Dunkeln, wird aber in der Gegend von Mexiko und Texas vermutet. Fest steht, dass es immer in größeren Mengen zubereitet wird, da es aufgewärmt noch mehr Aroma entwickelt. Mais kommt in den Ur-Rezepten eigentlich nicht vor, hat sich aber – gerade bei uns – fest etabliert. Sie können 1 Dose Mais (ca. 150 g Abtropfgewicht) zusammen mit den Kidneybohnen einrühren.

# Kichererbsencurry mit Süßkartoffeln

**Für 2 Portionen**
**Pro Portion: 521 kcal | 12,4 g E | 10,6 g F (davon 1,1 g GF) | 87,3 g KH | 13,4 g Bal**

## ZUTATEN

- 300 g Süßkartoffeln
- 4 Stängel Lauchzwiebeln oder 1 Zwiebel
- 75 g Basmati- oder Jasminreis
- 150 ml Wasser
- 1 EL Raps- oder Olivenöl
- 200 ml Gemüsebrühe
- 1 EL mildes Currypulver
- 2 Stängel frischer Koriander oder glatte Petersilie
- 1 Dose Kichererbsen (ca. 240 g Abtropfgewicht)
- 1 Limette
- Salz, Pfeffer

**INFO:** Wie auch das Bohnenwasser ist das Wasser der Kichererbsen zu schade zum Wegschütten. Aquafaba heißt dieser Wasser-Protein-Mix, mit dem Suppen, Eintöpfe und Soßen cremiger werden. Man kann es wie einen Eischnee mit etwas Backpulver oder Stärke mit dem Handrührgerät aufschlagen. Daraus entstehen Baisers, Mousse oder andere Leckereien.

1. Die Süßkartoffeln schälen, waschen und in etwa 1,5 cm große Würfel schneiden. Die Lauchzwiebeln (oder die Zwiebel) abziehen und in dünne Ringe bzw. kleine Würfel schneiden.
2. Reis in ein Sieb geben, kalt abbrausen und mit 150 ml Wasser in einen kleinen Topf geben. Zum Kochen bringen und anschließend zugedeckt auf sehr kleiner Hitze 12–15 Minuten dünsten, bis sich an der Oberfläche kleine Löcher zeigen. Dann vom Herd nehmen, mit einer Gabel auflockern und offen ausdampfen lassen.
3. In der Zwischenzeit das Öl in einem beschichteten Topf erhitzen und die Zwiebeln unter Rühren leicht anbraten. Süßkartoffeln, Gemüsebrühe und Curry dazugeben und zugedeckt auf kleiner Flamme 10 Minuten weich kochen.
4. Den Koriander (oder die Petersilie) waschen, trocken schütteln, die Blätter von den Stängeln zupfen und hacken. Die Kichererbsen durch ein Sieb abgießen und dabei die Kochflüssigkeit auffangen. Die Limette in Scheiben oder Spalten schneiden.
5. Kichererbsen zu den Süßkartoffeln geben und das Ganze 5 Minuten erhitzen. 4–5 EL der Kichererbsen-Flüssigkeit zufügen, damit das Curry eine cremige Konsistenz bekommt. Mit Salz und Pfeffer abschmecken.
6. Curry auf 2 Teller verteilen und den Reis an die Seite setzen. Mit Koriander bestreuen und die Limettenscheiben obenauf legen oder getrennt dazu reichen.

**TIPP:** Am preiswertesten ist es, losen Reis zu verarbeiten. Dafür die gewünschte Menge (60 g pro Portion als Beilage, 100–125 g pro Portion als Hauptgericht) mit der doppelten Menge Wasser in einem kleinen Topf zum Kochen bringen und zugedeckt auf kleinster Flamme ca. 10 Minuten garen lassen. Anschließend mit einer Gabel auflockern und ausdampfen lassen. Sie können größere Mengen Reis, zum Beispiel eine 500-g-Packung, vorkochen und portionsweise einfrieren oder auch ein paar Tage zugedeckt im Kühlschrank aufbewahren.

# Spaghetti mit Brokkoli

**Für 2 Portionen**
**Pro Portion: 591 kcal | 19,1 g E | 21,8 g F (davon 2,0 g GF) | 74,3 g KH | 10,6 g Bal**

## ZUTATEN

- 300 g Brokkoli
- 500 ml Wasser
- 3 EL Olivenöl
- 2 EL gemahlene Mandeln
- Salz, Pfeffer
- 200 g Spaghetti oder andere Nudeln

1. Den Brokkoli waschen und die Köpfchen in mundgerechten Stücken von den Stängeln schneiden. Stängel schälen, putzen und würfeln.
2. Wasser in einen Topf mit Dampfgareinsatz füllen, den Einsatz einhängen, die Brokkoliwürfel hineingeben und die Köpfchen obenauf legen. 10–12 Minuten bissfest dämpfen. Dann die Köpfchen herausnehmen und beiseitestellen.
3. Die Brokkoliwürfel in einen Mixer geben, Olivenöl und gemahlene Mandeln hinzufügen und ein cremiges Pesto mixen. Mit Salz und Pfeffer abschmecken. (Alternativ mit einem Pürierstab und hohem Becherglas arbeiten.)
4. Spaghetti nach Packungsanleitung in Salzwasser »al dente« kochen. Vor dem Abgießen 1–2 EL Kochwasser abnehmen und unter das Pesto rühren.
5. Spaghetti mit dem Pesto vermischen, die Brokkoliköpfchen unterheben und auf 2 Teller verteilen.

**TIPP:** Ein grünes Pesto aus Brokkoli-Stängeln können Sie immer dann mixen, wenn Sie bei einem Rezept nur die Brokkoli-Köpfchen benötigen. In einem Schraubglas und mit Öl bedeckt hält sich das Pesto 2–3 Wochen im Kühlschrank. Es schmeckt nicht nur zu Nudeln, sondern auch gut auf Brot oder zu Gemüse. Und Sie profitieren von den cholesterinregulierenden Inhaltsstoffen von Olivenöl, Mandeln und Brokkoli.

# One-Pot-Penne mit grünem Gemüse

**Für 2 Portionen**
**Pro Portion: 470 kcal | 20,1 g E | 14,3 g F (davon 4,8 g GF) | 61,2 g KH | 7,9 g Bal**

## ZUTATEN

- 1 kleine Zwiebel
- 1 Knoblauchzehe
- 100 g Brokkoliröschen
- 50 g gepalte Erbsen (etwa 150 g frische Schoten) oder TK-Erbsen
- 50 g Babyspinat
- 1 EL Olivenöl
- 400 ml Gemüsebrühe (Fertigprodukt)
- 150 g Penne oder andere Nudeln nach Belieben
- Salz, Pfeffer
- 40 g Parmesan, gerieben

1. Die Zwiebel abziehen und in kleine Würfel schneiden. Den Knoblauch schälen und durch eine Knoblauchpresse drücken.
2. Die Brokkoliröschen waschen und in mundgerechte Stücke schneiden. (Stiele anderweitig verwenden – zum Beispiel für eine Suppe.) Den Spinat waschen und verlesen.
3. Olivenöl in einem mittelgroßen Topf erhitzen. Zwiebel und Knoblauch unter Rühren andünsten.
4. Brühe, Penne, Brokkoli und Erbsen dazugeben und alles 12–14 Minuten sanft kochen lassen. Öfter umrühren, damit die Penne gleichmäßig garen. Kurz vor Ende der Kochzeit den Spinat einrühren.
5. Mit Salz und Pfeffer abschmecken, auf 2 Teller verteilen und mit Parmesan bestreuen.

**TIPP:** Um die gesättigten Fettsäuren des Parmesans etwas zu verringern, können Sie die Hälfte davon durch gehackte oder gemahlene Mandeln oder klein gewürfelten Tofu ersetzen.

# Reis mit Linsen und Haferflocken

**Für 2 Portionen**
**Pro Portion: 474 kcal | 23,5 g E | 10,3 g F (davon 1,8 g GF) | 66,2 g KH | 11,0 g Bal**

## ZUTATEN

- 100 g TK-Erbsen
- 100 g grüne Bohnen
- 100 g Möhren
- 2 Stängel Lauchzwiebeln
- 1 EL Oliven- oder Rapsöl
- 75 g Langkornreis
- 75 g gelbe oder rote Linsen
- 1 EL Haferflocken
- 400 ml Gemüsebrühe (Fertigprodukt)
- 1 EL mildes Currypulver
- 100 ml fettarmer Joghurt oder Magerquark
- 1–2 Prisen Chilipulver
- Zitronen- oder Limettensaft
- Salz, Pfeffer

1. Die Erbsen in eine Schüssel geben und auftauen lassen. Die Bohnen putzen, waschen und in etwa 1 cm lange Stücke schneiden. Die Möhren schälen, putzen und in kleine Würfel schneiden. Die Lauchzwiebeln abziehen und mit viel Grün in feine Ringe schneiden.
2. Das Öl in einem beschichteten Topf mild erhitzen und die Zwiebelringe unter Rühren goldgelb anbraten. Den Reis dazugeben und unter Rühren kurz mitbraten, bis er glasig erscheint.
3. Linsen, Haferflocken, grüne Bohnen und Möhren einrühren. Die Brühe angießen und den Curry hinzufügen. Das Ganze aufkochen und anschließend zugedeckt bei sehr kleiner Hitze 25–30 Minuten ziehen lassen, bis der Reis gar ist und die Linsen fast zerfallen sind.
4. Die aufgetauten Erbsen dazugeben und 1–2 Minuten im Gericht erhitzen. Währenddessen in einer kleinen Schüssel Joghurt mit Chilipulver, etwas Zitronensaft und Salz verrühren.
5. Linsen-Khichdi (so nennt man in Indien diese cremige Speise) mit Salz, Pfeffer und Zitronensaft abschmecken. Auf 2 Teller oder Schüsseln verteilen und den Joghurt getrennt dazu reichen.

**TIPP:** Auch Blumenkohl, Tomaten oder Kidneybohnen sind beliebte Zutaten. Gerne wird Khichdi auch mit frischem Koriander bestreut serviert.

# Reis zum Vorkochen

**Für ca. 7 Portionen (je 100 g)**
**Pro Portion: 134 kcal | 5,4 g E | 0,4 g F (davon 0,1 g GF) | 26,8 g KH | 0,8 g Bal**

## ZUTATEN

250 g Langkornreis
500 ml Wasser (550 ml für Naturreis)
Salz

**INFO:** Naturreis ist ungeschält und daher dunkler. In seinen silbrigen Häutchen stecken viele Nährstoffe. Die Kochzeit ist je nach Sorte etwas länger als beim weißen, geschälten Reis. Ebenfalls ungeschält ist roter Reis aus Frankreich, den Philippinen oder Indonesien.

Der schwarze Wildreis ist eigentlich eine Graspflanze, hat aber auch alle gesunden Eigenschaften und kann getrost mit anderen Reissorten vermischt werden.

Kochen Sie den Reis auf jeden Fall nach der beschriebenen Quellmethode, denn dabei gehen keine der wertvollen Inhaltsstoffe verloren, weil das Kochwasser nicht weggeschüttet wird.

1. Den Reis in ein Sieb geben und heiß abbrausen. Mit Wasser und 1 Prise Salz in einen Topf geben, aufkochen lassen und anschließend bei milder Hitze zugedeckt 15 Minuten (Naturreis ca. 25 Minuten) quellen lassen, bis an der Oberfläche kleine Vertiefungen zu sehen sind.
2. Mit einer Gabel auflockern und offen ausdampfen lassen.
3. Den fertigen Reis in Portionen nach Bedarf teilen und 5–7 Tage gut verschlossen im Kühlschrank oder bis zu ½ Jahr im Tiefkühler aufbewahren.

**TIPP:** Wer sich nicht die Mühe des Reiskochens machen möchte, findet im Handel Reisbeutel (meistens à 125 g), die einfach nur ins kochende Wasser gegeben werden oder auch vorgekochten Reis, der in der Mikrowelle oder im Topf in 3 Minuten fertig ist.

# Gebratene Gnocchi mit Spinat und Tomaten

**Für 2 Portionen**
**Pro Portion: 421 kcal | 6,5 g E | 17,1 g F (davon 2,4 g GF) | 54,3 g KH | 11,8 g Bal**

## ZUTATEN

200 g frischer Blattspinat
1 l Wasser
200 g Cocktailtomaten
1 kleine Zwiebel
2 Knoblauchzehen
2 EL Olivenöl
300 g Gnocchi (Fertigprodukt aus dem Kühlregal)
Salz, Pfeffer
2 EL Parmesan, gerieben, nach Belieben

1. Den Spinat waschen, verlesen und in Streifen schneiden. In eine Schüssel geben und mit kochendem Wasser übergießen (blanchieren), sodass er komplett bedeckt ist. Anschließend durch ein Sieb abgießen und abtropfen lassen.
2. Die Tomaten waschen und je 1–2-mal mit einem spitzen Messer anstechen, größere Exemplare halbieren. Die Zwiebel abziehen und grob hacken. Den Knoblauch schälen und in feine Scheiben schneiden.
3. Olivenöl in einer beschichteten Pfanne mild erhitzen. Zwiebel, Knoblauch und Gnocchi unter gelegentlichem Rühren anbraten, bis die Gnocchi Farbe angenommen haben. Spinat und Tomaten dazugeben und 2–3 Minuten mitbraten. Mit Salz und Pfeffer abschmecken.
4. Auf 2 Teller verteilen und nach Belieben mit Parmesan bestreuen.

**INFO:** Mit dem Parmesan hat das Gericht insgesamt 3,9 g gesättigte Fettsäuren. Fertigprodukte sind wegen der möglichen Konservierungsstoffe und anderer Chemikalien in der Kritik. Wählen Sie lieber Bioprodukte, wenngleich diese laut Stiftung Warentest oft zu viel Salz aufweisen. Teurer, aber wie hausgemacht: Gnocchi vom Feinkost-Italiener.

# Grüner Risotto mit Spargel, Bohnen und Erbsen

**Für 2 Portionen**
**Pro Portion: 460 kcal | 20,4 g E | 12,7 g F (davon 3,6 g GF) | 63,3 g KH | 5,3 g Bal**

## ZUTATEN

- 1 kleine Zwiebel
- 2 Knoblauchzehen
- 100 g grüne Bohnen
- 100 g grüner Spargel
- 50 g gepalte Erbsen (ca. 150 g in Schoten) oder TK-Erbsen
- 1 EL Olivenöl
- 150 g Risottoreis, z. B. Vialone oder Arborio
- 400 ml Gemüsebrühe (Fertigprodukt)
- Salz, Pfeffer
- 20 g Parmesan, gerieben

1. Die Zwiebel abziehen und in sehr kleine Würfel schneiden. Den Knoblauch schälen und durch eine Knoblauchpresse drücken.
2. Bohnen putzen und Spargel schälen. Beides waschen und in ca. 3 cm lange Stücke schneiden.
3. Olivenöl in einem mittelgroßen beschichteten Topf mild erhitzen. Zwiebel und Knoblauch andünsten. Den (ungewaschenen!) Reis dazugeben und rühren, bis er glasig erscheint.
4. Mit Gemüsebrühe aufgießen, das vorbereitete Gemüse zufügen und das Ganze unter gelegentlichem Rühren auf kleiner Flamme ziehen lassen, bis alles weich ist. Eventuell etwas Brühe nachgießen.
5. Mit Salz und Pfeffer abschmecken und den Parmesan einrühren.

**INFO:** Kein Italiener würde für Risotto gewaschenen, nassen Reis verwenden. Beim ungewaschenen Reis bleibt die anhaftende Stärke erhalten, was den Risotto so cremig macht. Das vorherige Andünsten verhindert, dass die Körner beim Kochen aneinanderkleben. Die Verwendung von Instantbrühe gilt zwar auch als Sakrileg – aber man soll es nicht übertreiben mit der »correttezza«.

# Penne mit Linsenbolognese

**Für 2 Portionen**
**Pro Portion: 648 kcal | 30,3 g E | 10,5 g F (davon 2,0 g GF) | 101,0 g KH | 14,4 g Bal**

## ZUTATEN

- 1 kleine Zwiebel
- 1–2 Knoblauchzehen
- 1 EL Olivenöl
- 2 EL Tomatenmark
- 150 ml Gemüsebrühe (Fertigprodukt)
- 1 Dose passierte oder stückige Tomaten (ca. 400 g Einwaage)
- 1 TL getrockneter Majoran
- 1 TL getrockneter Oregano
- 125 g Berglinsen
- 1 l Wasser
- 150 g Penne oder andere Nudeln
- Salz
- Balsamessig oder weißer Essig
- Kresse oder Schnittlauch nach Belieben

1. Zwiebel und Knoblauchzehen schälen und klein hacken. Öl in einem mittelgroßen beschichteten Topf erhitzen. Zwiebel und Knoblauch goldgelb anbraten.
2. Tomatenmark dazugeben und kurz unter Rühren mitbraten. Die Brühe angießen, passierte Tomaten, Majoran, Oregano und Linsen dazugeben und aufkochen lassen.
3. Auf kleiner Flamme 20 Minuten zugedeckt weich kochen. Dabei öfter umrühren.
4. In der Zwischenzeit das Wasser in einem geräumigen Topf zum Kochen bringen, die Nudeln und 1 TL Salz dazugeben und nach Packungsanleitung »al dente« kochen.
5. Durch ein Sieb abgießen, mit der Linsen-Bolognese vermischen und das Gericht mit Salz und Balsamessig abschmecken. Nach Belieben mit Kresse oder Schnittlauch bestreuen.

**TIPP:** Die Linsenbolognese allein ist ein leckerer Brotaufstrich oder kann auch mit Kartoffeln oder als Soße zu Geflügel gegessen werden.

**INFO:** Ideal für Ihre Darmgesundheit und damit für Ihren Cholesterinspiegel ist es, wenn Sie die Nudeln schon am Vortag kochen oder bereits vorbereitet im Tiefkühler haben. Aus den resistenten Stärken abgekühlter Teigwaren entsteht Butyrat (Buttersäure), welches die Bildung von arteriosklerotischer Plaque hemmt.

# Mie-Nudeln mit Tofu und Edamame

**Für 2 Portionen**
**Pro Portion: 600 kcal | 33,0 g E | 25,7 g F (davon 2,3 GF) | 54,9 g KH | 8,1 g Bal**

## ZUTATEN

- 1 Knoblauchzehe
- 1 Stück frischer Ingwer (etwa walnussgroß)
- 1 EL Sesamöl
- 2 EL Sojasoße
- 200 g Naturtofu
- 300 ml Wasser, Gemüse- oder Misobrühe (Fertigprodukt)
- 150 g Mie-Nudeln
- 1 Dose Edamame (ca. 240 g Abtropfgewicht)
- 2 Stängel frischer Koriander oder glatte Petersilie
- 1 Limette
- 1–2 grüne Peperonischoten oder 2 Stängel Lauchzwiebeln
- 2 EL Sesamsaat

1. Knoblauch und Ingwer schälen und beides durch eine Knoblauchpresse in eine kleine Schüssel drücken. Mit Sesamöl und Sojasoße zu einer Marinade rühren.
2. Den Tofu in mundgerechte Stücke schneiden und in die Marinade rühren, sodass er von allen Seiten benetzt ist. Zugedeckt 1 Stunde oder länger ziehen lassen. (Wenn Sie den Tofu über Nacht in der Marinade ziehen lassen, wird das Aroma besonders intensiv.)
3. Wasser oder Brühe zum Kochen bringen. Vom Herd nehmen und die Mie-Nudeln hineingeben. So lange – am besten mit 2 Gabeln – rühren, bis das Nudel-Knäuel entwirrt ist. Etwa 10 Minuten ziehen lassen, bis die Nudeln mit der Flüssigkeit vollgesogen sind.
4. In der Zwischenzeit die Edamame-Bohnen aus der Dose in einen kleinen Topf geben, mit Wasser bedecken und bei milder Hitze heiß werden lassen.
5. Koriander oder Petersilie waschen, trocken schütteln und die Blätter von den Stängeln zupfen. Die Limette in Spalten schneiden. Nach Belieben Peperonischoten (Vorsicht, scharf!) oder Lauchzwiebeln waschen, putzen und in kleine Würfel bzw. Ringe schneiden.
6. Die Mie-Nudeln in 2 Schüsseln oder tiefen Tellern anrichten, Tofu mit Marinade, Edamame, Koriander und Peperoni oder Lauchzwiebeln darauf verteilen. Mit Sesam bestreuen. Die Limettenspalten an den Rand legen oder getrennt dazu reichen.

**INFO:** Achten Sie darauf, zum Marinieren möglichst festen Tofu zu verwenden, der meist als Tofu natur im Handel ist. Sie können auch geräucherten Tofu verwenden. Seidentofu ist nicht geeignet. Er ist viel zu weich und würde beim Marinieren zerfallen. Mie-Nudeln sind ideal für schnelle Zubereitungen. Sie werden nur mit heißem Wasser oder Brühe übergossen und sind genauso sättigend wie ihr italienisches Pendant. Miso bekommen Sie in asiatischen Supermärkten als Paste oder Pulver.

# Gebratene Asia-Pilze mit Gemüse

**Für 2 Portionen**
**Pro Portion: 472 kcal | 13,8 g E | 19,8 g F (davon 2,0 g GF) | 55,3 g KH | 13,5 g Bal**

## ZUTATEN

- 150 g Shimeji- oder Shiitakepilze
- 5 Stängel Lauchzwiebeln
- 250 g Staudensellerie
- 250 g rote Paprikaschoten
- 100 g Udon- oder Soba-Nudeln (Asialaden)
- 500 ml Wasser
- 2 EL Rapsöl
- 2 EL Sojasoße
- Salz, Pfeffer
- 1 EL Sesamsaat

**INFO:** Shimeji-Pilze kennt man hauptsächlich aus der asiatischen Küche. Obwohl sie auch bei uns, zum Beispiel unter der Bezeichnung weißer oder brauner Buchenpilz, gedeihen. Die Pilze mit dem nussigen Aroma werden auf Holzspänen – ähnlich wie Seitlinge – gezüchtet und sind in gut sortierten Supermärkten erhältlich. Man kann sie braten, dünsten oder in Suppen kochen. Zum roh Essen weniger geeignet – denn dann sind sie schwer verdaulich und können leicht bitter schmecken.

1. Die Pilz-Büschel mit Küchenpapier abreiben und am unteren Ende vorhandene Wurzeln und Substrat abschneiden, sodass Sie einzelne schmale Pilze erhalten, die im Ganzen verwendet werden.
2. Lauchzwiebeln abziehen und putzen. Mit viel Grün in Scheiben schneiden. Die grünen Scheiben beiseitelegen. Staudensellerie putzen, waschen, eventuell am unteren Ende dünn abschälen und in Scheiben schneiden. Die grünen Blätter von den Stängeln zupfen und nach Belieben wie Petersilie grob hacken.
3. Die Paprikaschoten waschen, putzen und in Streifen schneiden. Die Nudeln mit heißem Wasser übergießen und ziehen lassen.
4. 1 EL Öl in einer geräumigen Pfanne erhitzen und die Pilze unter Rühren anbraten. Mit einem Pfannenwender herausnehmen und beiseitestellen. Das restliche Öl in die Pfanne geben und Zwiebeln, Staudensellerie und Paprika anbraten, bis alles bissfest ist. Immer wieder wenden.
5. Die Nudeln durch ein Sieb abgießen und gut abtropfen lassen. Nudeln, Pilze und Sojasoße zum Gemüse geben und alles zusammen 2–3 Minuten durchziehen lassen. Mit Salz und Pfeffer abschmecken, auf 2 Teller verteilen und mit dem Grün der Lauchzwiebeln, Selleriegrün und Sesamsaat bestreuen.

# Gebratener Gemüsereis

**Für 2 Portionen**
**Pro Portion: 514 kcal | 19,6 g E | 9,8 g F (davon 1,0 g GF) | 79,3 g KH | 15,2 g Bal**

## ZUTATEN

150 g TK-Erbsen
150 g Langkornreis
150 g Möhren
300 ml Gemüsebrühe (Fertigprodukt)
3 Stängel Lauchzwiebeln
2 Stängel glatte Petersilie
1 EL Rapsöl
1 kleine Dose Mais (ca. 140 g Abtropfgewicht)
1 EL Sojasoße
Salz, Pfeffer

1. Die Erbsen in eine kleine Schüssel geben und auftauen lassen. Den Reis in ein Sieb geben und kalt abbrausen. Die Möhren schälen, putzen und in etwa 1 cm große Würfel schneiden.
2. Gemüsebrühe in einen mittelgroßen Topf geben, zum Kochen bringen und den Reis und die Möhrenwürfel einrühren. Die Hitze reduzieren und Reis und Möhren 12–15 Minuten auf kleinster Flamme zugedeckt garen, bis sich an der Oberfläche kleine Vertiefungen zeigen. Dann mit einer Gabel auflockern und offen ausdampfen lassen.
3. In der Zwischenzeit die Lauchzwiebeln abziehen und putzen. Mit viel Grün in feine Ringe schneiden. Die dunklen Ringe beiseitestellen. Die Petersilie waschen, trocken schütteln, die Blätter von den Stängeln zupfen und hacken.
4. Das Öl in einem mittelgroßen Topf erhitzen und die hellen Zwiebelringe unter Rühren goldgelb braten. Reis mit Möhren dazugeben und alles zusammen 2–3 Minuten weiterbraten. Dann den Mais unterheben und im Gemüsereis erhitzen.
5. Mit Sojasoße würzen und mit Salz und Pfeffer abschmecken. Auf 2 Teller verteilen und mit Petersilie und den dunkelgrünen Zwiebelringen bestreuen.

**TIPP:** Wenn Ihnen die rohen dunkelgrünen Zwiebelringe zu scharf sind, können Sie auch Schnittlauch verwenden. Die dunklen Ringe dann einfach unter Punkt 4 mitbraten.

# Spätzle mit Tomaten

**Für 2 Portionen**
**Pro Portion: 384 kcal | 9,4 g E | 20,3 g F (davon 3,3 g GF) | 35,9 g KH | 10,1 g Bal**

## ZUTATEN

- 2 l Wasser
- Salz
- 250 g Spätzle (Fertigprodukt)
- 200 g frischer Blattspinat
- 200 g Cocktailtomaten
- 2 Stängel Basilikum
- 2 EL Olivenöl
- Pfeffer
- 2 EL saure Sahne

1. Wasser in einen Topf geben, salzen und zum Kochen bringen. Spätzle darin nach Packungsanleitung »al dente« kochen. Dann durch ein Sieb abgießen und zum Abtropfen beiseitestellen.
2. Blattspinat waschen, verlesen und abtropfen lassen. Eventuell harte Stiele entfernen und die Blätter in Streifen schneiden. Die Tomaten waschen und halbieren oder vierteln. Basilikum waschen, trocken schütteln und die Blätter von den Stängeln zupfen.
3. Olivenöl in einer geräumigen Pfanne mit Deckel mild erhitzen und den Spinat tropfnass hineingeben. Zugedeckt 2–3 Minuten dünsten, bis er zusammengefallen ist. Die Tomaten unterrühren und weich werden lassen.
4. Die Spätzle in die Pfanne geben, mit dem Gemüse verrühren und alles zusammen erhitzen und durchziehen lassen. Mit Salz und Pfeffer abschmecken.
5. Spätzle auf 2 Teller verteilen, mit Basilikumblättern dekorieren, nach Belieben mit gemahlenem Pfeffer bestreuen und die saure Sahne mit einem Teelöffel auf dem Gericht verteilen.

**TIPP:** Sie können statt der sauren Sahne, die ein tierisches Produkt mit gesättigten Fettsäuren ist, auch den weichen Seidentofu verwenden. Die Nährwerte ändern sich dadurch wie folgt: 376 kcal | 9,6 g E | 19,5 g F (davon 2,7 GF) | 35,7 g KH | 10,1 g Bal.

# FISCH, FLEISCH UND GEFLÜGEL

Fleisch und tierische Produkte sind generell nicht empfehlenswert bei einem erhöhten Cholesterinspiegel. Ich stelle Ihnen dennoch einige Rezepte vor, falls Sie für Gäste oder für Ihre Familie ein bis zwei Mal pro Woche ein Fleischgericht auf den Tisch bringen wollen.

Dabei habe ich darauf geachtet, bei Fleisch halbwegs verträgliche Sorten zu wählen. Also Geflügel und Filetfleisch, die beide zu den fettarmeren Sorten zählen.

Beim Fisch habe ich Lachs und Thunfisch wegen ihres hohen Gehalts an Omega-3-Fettsäuren bevorzugt. Bei Heilbutt sollten Sie den schwarzen Heilbutt wählen, er zählt im Gegensatz zu seinem weißen Bruder zu den fettreichen Fischsorten.

**Fettgehalt in Fleisch und Fisch, jeweils in 100 g**

| | kcal | Eiweiß | Fett | davon GF |
|---|---|---|---|---|
| Hähnchenbrust | 124 | 23,0 | 3,0 | 0,3 |
| Hähnchenbrust mit Haut | 202 | 27,9 | 10,0 | 3,7 |
| Putenbrust | 105 | 24,1 | 1,0 | 0,3 |
| Schweinefilet | 106 | 22,0 | 2,0 | 1,9 |
| Schweineschnitzel | 172 | 27,0 | 9,5 | 3,0 |
| Rinderfilet | 120 | 21,0 | 4,0 | 0,9 |
| Rindergulasch | 201 | 20,0 | 13,0 | 4,0 |
| Lachs (Zuchtlachs) | 212 | 23,0 | 13,0 | 2,8 |
| Lachs (Wildlachs) | 124 | 21,0 | 4,0 | 1,8 |
| Heilbutt | 158 | 17,0 | 10,0 | 0,5 |
| Thunfisch | 137 | 29,0 | 5,9 | 1,8 |
| Thunfisch naturell (Dose) | 125 | 29,0 | 1,0 | 0,2 |

# Hähnchenbrust in Tomatensoße aus der Pfanne

**Für 2 Portionen**
**Pro Portion: 436 kcal | 41,9 g E | 17,8 g F (davon 2,2 GF) | 24,1 g KH | 6,0 g Bal**

## ZUTATEN

- 300 g Hähnchenbrust mit Haut
- Salz, Pfeffer
- 1 kleine Zwiebel
- 1 Knoblauchzehe
- 150 g rote Paprikaschote
- 20 g Frühstücksspeck
- 75 g braune Champignons
- 75 g Cocktailtomaten
- 1 EL Olivenöl
- 1–2 EL Balsamessig und etwas mehr zum Abschmecken
- 1 Päckchen passierte Tomaten (200 g Einwaage)
- 20 g Haferflocken
- 1 Zweig Rosmarin
- 20 g schwarze entsteinte Oliven

1. Hähnchenstücke halbieren und von beiden Seiten mit Salz und Pfeffer würzen.
2. Die Zwiebel abziehen und in Ringe schneiden. Knoblauch ungeschält auf der Arbeitsplatte an der stumpfen Seite andrücken, sodass die Schale aufplatzt.
3. Die Paprikaschote waschen, putzen, längs halbieren und in etwa 1½ cm große Rauten schneiden. Frühstücksspeck quer in Streifen schneiden. Champignons mit Küchenpapier abreiben, putzen und je nach Größe halbieren oder vierteln. Tomaten waschen, halbieren und die Stielansätze entfernen.
4. Olivenöl in einer hohen beschichteten Pfanne (die Hähnchenteile sollen nebeneinander Platz haben) erhitzen. Das Fleisch auf der Hautseite knusprig anbraten. Herausnehmen und beiseitestellen.
5. Zwiebel, Knoblauch und Paprika in die heiße Pfanne geben und unter ständigem Rühren anbraten. Mit 1–2 EL Balsamessig ablöschen und Champignons, Cocktailtomaten, passierte Tomaten und Haferflocken unterrühren.
6. Die Hähnchenteile mit der Haut nach oben in die Soße setzen, den Rosmarinzweig an den Rand stecken und das Ganze 35 Minuten zugedeckt bei kleiner Hitze schmoren. Eventuell nach 15 Minuten etwas Wasser angießen. 5 Minuten vor Ende der Garzeit die Oliven unterheben.
7. Den Rosmarinzweig entfernen, die Soße mit Salz und Pfeffer und nach Belieben weiteren 1–2 EL Balsamessig abschmecken. Auf 2 Teller verteilen oder gleich in der Pfanne auf den Tisch stellen.

**INFO:** Die Haferflocken habe ich in das Rezept geschmuggelt, damit es etwas reicher an Ballaststoffen ist. Denn Fleischgerichte haben überhaupt keine Ballaststoffe, wozu die kleineren Gemüsemengen auch beitragen. Sie können zu diesem Zweck auch Haferkleie verwenden oder andere Getreideflocken. Informationen dazu finden Sie auf Seite 18.

# Geschmorte Hähnchenbrust mit Gemüse

**Für 2 Portionen**
**Pro Portion: 435 kcal | 41,3 g E | 20,5 g F (davon 2,7 g GF) | 16,2 g KH | 10,1 g Bal**

## ZUTATEN

300 g Brokkoli
250 ml Wasser
200 g rote oder gelbe Paprikaschoten
4 Stängel Lauchzwiebeln
25 g frischer Ingwer
300 g Hähnchenbrustfilet
2 EL Olivenöl
Salz, Pfeffer

**INFO:** Ingwer, den ich in den Rezepten häufiger verwende, gilt als Cholesterinsenker. Das enthaltene Gingerol fördert die Bildung von Gallensäure, kurbelt die Fettverdauung an und lässt durch seine Schärfe die Verdauungssäfte besser fließen. Schon ein kleines Stück der Knolle ist von großer Wirkung. Wenn Sie Ingwer nicht mögen oder Sie ihn als zu scharf empfinden, finden Sie Gingerol auch in der verwandten Kurkumaknolle. Nehmen Sie davon nur die Hälfte der Menge und beachten Sie, dass Kurkuma Ihr Essen gelb färbt.

1. Den Brokkoli waschen und die Röschen vom Stiel schneiden. Den Stiel schälen und würfeln, die Röschen in mundgerechte Stücke schneiden. Wasser in einen mittelgroßen Topf mit Dampfgareinsatz füllen und diesen einhängen. Brokkolistiele und -köpfchen hineingeben und zugedeckt 12 Minuten dämpfen.
2. In der Zwischenzeit die Paprikaschoten waschen, putzen, längs halbieren und in Rauten schneiden. Lauchzwiebeln abziehen und mit viel Grün in Ringe schneiden. Den Ingwer schälen und in sehr kleine Würfel schneiden. Die Hähnchenbrustfilets quer in etwa 1 cm dicke Scheiben schneiden.
3. Das Öl in einer geräumigen beschichteten Pfanne erhitzen und die Paprikastücke darin verteilen. Etwa 5 Minuten von einer Seite anbraten, dann an den Rand schieben und die Hähnchenstücke auf dem freien Platz verteilen. Die Lauchzwiebeln und den Ingwer darüberstreuen.
4. Alles zusammen braten, bis die Hähnchenstücke auf einer Seite kräftig Farbe angenommen haben. Dann alles vermischen und den Brokkoli unterheben. 100 ml Wasser (am besten das Dämpfwasser des Brokkoli) angießen und zugedeckt alles auf kleiner Flamme 5 Minuten durchziehen lassen.
5. Mit Salz und Pfeffer abschmecken und auf 2 Teller verteilen.

# Hähnchenbrust auf Feldsalat mit Orange

**Für 2 Portionen**
**Pro Portion: 618 kcal | 51,3 g E | 36,0 g F (davon 4,6 g GF) | 17,6 g KH | 9,1 g Bal**

## ZUTATEN

- 2 Hähnchenbrustfilets (à ca. 200 g)
- Salz, getrocknete Chili oder Pfeffer
- 2 TL Chili- oder Olivenöl
- 1 große Orange
- 1 kleine reife Avocado
- 75 g Feldsalat
- 30 g Cashewkerne
- 1 EL Olivenöl
- 2 EL Weißweinessig
- 2 TL süßsaure Soße (Fertigprodukt) nach Belieben

1. Den Backofen auf 180 °C Ober-/Unterhitze (Umluft 160 °C) vorheizen. Das Hähnchenfleisch mit Küchenpapier trocken tupfen und rundherum mit Salz, Chili oder Pfeffer einreiben. In eine feuerfeste Form setzen und mit je 1 TL Öl beträufeln. 30 Minuten braten.
2. In der Zwischenzeit die Orange so schälen, dass wenig weiße Haut übrig bleibt. In Spalten teilen und diese jeweils quer halbieren oder dritteln.
3. Die Avocado längs halbieren, den Kern entfernen, das Fruchtfleisch mit einem Löffel herausheben und in Würfel schneiden. Einige Würfel für das Dressing mit der Gabel zerdrücken.
4. Den Feldsalat waschen, verlesen und gut abtropfen lassen. Die Cashewkerne nach Belieben in einer Pfanne ohne Fett goldgelb rösten.
5. Aus Olivenöl, Essig, Salz, Pfeffer und zerdrückter Avocado in einer Salatschüssel ein cremiges Dressing rühren. Orangenstücke, gewürfelte Avocado, Feldsalat und Cashewkerne dazugeben, gut vermischen und auf 2 Teller verteilen.
6. Die Hähnchenbrustfilets aus dem Ofen nehmen, quer in Scheiben schneiden und auf den Salat setzen. Nach Belieben mit je 1 TL süßsaurer Soße beträufeln.

**INFO:** Avocados sollen auf Druck leicht nachgeben. Nur dann sind sie aromatisch und lassen sich gut verarbeiten. Unreife Avocados schmecken nicht, Sie können die Früchte aber bei Zimmertemperatur nachreifen lassen.

# Putenragout mit Aprikosen und Erbsen

**Für 2 Portionen**
**Pro Portion: 386 kcal | 37,3 g E | 10,7 g F (davon 1,8 g GF) | 30,7 g KH | 6,8 g Bal**

## ZUTATEN

100 g TK-Erbsen
1 Zwiebel
1–2 Knoblauchzehen
250 g Putenbrust
40 g ungeschwefelte getrocknete Aprikosen
1 Bio-Orange
1 EL Olivenöl
1 TL edelsüßes Paprikapulver
1 TL gemahlene Kurkuma
250 ml Gemüse- oder Geflügelbrühe (Fertigprodukte)
25 g Bio-Haferkleie
2 Stängel glatte Petersilie
Salz, Pfeffer

1. Die Erbsen in eine kleine Schüssel geben und etwas auftauen lassen. Die Zwiebel abziehen und klein würfeln. Die Knoblauchzehe schälen und in feine Scheiben schneiden.
2. Die Putenbrust in etwa 2 cm große Würfel schneiden. Die Aprikosen in Streifen schneiden. Die Orange heiß waschen, 1 EL Schale abraspeln und die Frucht auspressen (es soll ca. 75 ml Saft ergeben).
3. Das Öl in einer hohen beschichteten Pfanne erhitzen. Zwiebel und Knoblauch unter Rühren goldgelb anbraten. Die Putenbruststücke dazugeben und rundherum etwas anbraten.
4. Mit Paprikapulver und Kurkuma bestäuben, umrühren und mit der Brühe ablöschen.
5. Die Haferkleie einrühren und alles zugedeckt bei milder Hitze 20 Minuten garen.
6. In der Zwischenzeit die Petersilie waschen, trocken schütteln und die Blätter von den Stängeln zupfen.
7. Erbsen und Aprikosen ins Ragout geben und 1–2 Minuten darin erhitzen. Den Orangensaft einrühren und bei abgeschaltetem Herd 2 Minuten warm werden lassen.
8. Mit Salz und Pfeffer abschmecken und mit Orangenschale und Petersilie bestreuen. Auf 2 Teller verteilen oder in der Pfanne auf den Tisch bringen.

**INFO:** Kurkuma, die bei uns eigentlich Gelbwurz heißt, ist wissenschaftlich erwiesen besonders wirksam für ein starkes Immunsystem. Wenn Sie nur ½ TL des quietschgelben Pulvers täglich in Ihre Mahlzeiten (oder Smoothies) einbauen, bringen Sie außerdem Ihren Stoffwechsel auf Vordermann und begünstigen den Fettabbau. Das enthaltene Gingerol gilt als Cholesterinsenker.

# Hähnchengulasch mit Möhren und Kichererbsen

**Für 2 Portionen**
**Pro Portion: 366 kcal | 31,6 g E | 12,5 g F (davon 1,3 g GF) | 26,4 g KH | 10,6 g Bal**

## ZUTATEN

- 1 kleine Zwiebel
- 2 Knoblauchzehen
- 150 g Möhren
- 200 g Hähnchenbrust
- 1 EL Raps- oder Olivenöl
- 1 EL rosenscharfes oder edelsüßes Paprikapulver
- 200 ml Gemüse- oder Hühnerbrühe (Fertigprodukte)
- 4 Stängel krause Petersilie
- 1 Dose Kichererbsen (265 g Abtropfgewicht)
- Salz, Pfeffer

**TIPP:** Gulasch können Sie immer gleich für mehrere Portionen kochen, auch wenn vielleicht gerade nur eine oder zwei gegessen werden. Dafür das Rezept einfach mal 2 oder mal 3 nehmen. Gulasch lässt sich nämlich prima einfrieren oder ein paar Tage im Kühlschrank aufbewahren und schmeckt aufgewärmt noch mal so gut.

1. Die Zwiebel abziehen und klein würfeln. Die Knoblauchzehen schälen und in feine Scheiben schneiden. Die Möhren schälen, putzen, waschen und in etwa ½ cm dicke Scheiben schneiden.
2. Die Hähnchenbrust waschen, mit Küchenpapier trocken tupfen und in mundgerechte Würfel schneiden.
3. Das Öl in einem geräumigen Topf mild erhitzen. Zwiebeln und Knoblauch darin andünsten. Paprikapulver dazugeben und kurz mitdünsten.
4. Die Möhren, Hähnchenbrust und Brühe dazugeben, aufkochen lassen und dann bei milder Hitze zugedeckt 35 Minuten oder länger köcheln sanft lassen, bis die Möhren weich sind und das Fleisch gar ist.
5. In der Zwischenzeit die Petersilie waschen, trocken schütteln und die Blätter von den Stängeln zupfen. Die Kichererbsen mit ihrem Kochwasser zum Gulasch geben und alles zusammen weitere 5 Minuten sanft köcheln lassen.
6. Das Gulasch mit Salz und Pfeffer abschmecken, auf 2 Teller verteilen und mit Petersilie bestreuen.

**TIPP:** Statt der Kichererbsen können Sie auch andere Hülsenfrüchte aus der Dose, zum Beispiel Kidneybohnen, weiße Bohnen oder Mais, verwenden. Diese haben ähnlich viele Ballaststoffe wie die Kichererbsen. Wenn Kochwasser in den Dosen ist, verwenden Sie dieses gleich mit. Es macht die Soße cremig und enthält reichlich Pflanzenproteine.

# Hähnchenbrust mit griechischem Salat

**Für 2 Portionen**
**Pro Portion: 556 kcal | 53,9 g E | 29,8 g F (davon 6,2 g GF) | 14,6 g KH | 8,0 g Bal**

## ZUTATEN

1 Bio-Zitrone
Pfeffer
2 EL Olivenöl
2 Hähnchenbrustfilets (à ca. 200 g)
1 Zweig Rosmarin
Salz
1 TL getrockneter Oregano
1 gelbe Paprikaschote
250 g Tomaten
100 g Salatgurke
2 Stängel glatte Petersilie
50 g grüne oder schwarze entsteinte Oliven
50 g Schafskäse

**TIPP:** Wenn Sie den Schafskäse ganz durch Tofu ersetzen, enthält das Gericht nur 3,2 g ungesättigte Fettsäuren.

1. Den Backofen auf 200 °C Ober-/Unterhitze (Umluft weniger geeignet) vorheizen. Dabei den Grillrost miterhitzen.
2. Die Zitrone heiß waschen und etwa 1 TL Schale abraspeln. Zitronenschale mit Pfeffer aus der Mühle und 1 EL Olivenöl in einer kleinen Schüssel vermischen. Die Hähnchenbrustfilets waschen und mit Küchenpapier trocken tupfen. Rundherum mit der Öl-Zitronen-Mischung bepinseln.
3. Den Rosmarinzweig auf den heißen Grillrost legen und die Hähnchenbrustfilets daraufgeben. Ein Backblech unter den Grillrost schieben, damit der herabtropfende Fleischsaft aufgefangen wird. Das Fleisch von beiden Seiten jeweils 15 Minuten braten.
4. Die Zitrone auspressen. 30 ml Zitronensaft in eine Salatschüssel geben und mit Salz, Pfeffer, Oregano und dem restlichen EL Olivenöl ein Dressing anrühren. Die Paprikaschote waschen, putzen und in Rauten schneiden. Mit dem Dressing vermischen und ziehen lassen.
5. Die Tomaten waschen, halbieren, die Stielansätze entfernen und das Fruchtfleisch würfeln. Die Gurke waschen und in Scheiben schneiden. Die Petersilie waschen, trocken schütteln und die Blätter von den Stängeln zupfen. Alles in die Salatschüssel geben und gut vermischen.
6. Salat auf 2 Teller verteilen, die Oliven darauflegen und den Schafskäse darüberbröseln. Die Hähnchenbrustfilets daneben anrichten.

# Schweinefilet mit Kürbis

**Für 2 Portionen**
**Pro Portion: 518 kcal | 39,2 g E | 19,7 g F (davon 4,8 g GF) | 44,2 g KH | 3,8 g Bal**

## ZUTATEN

- 1 kleiner Hokkaido-Kürbis (ca. 600 g ungeputzt)
- 2 EL Olivenöl
- ¼ TL gemahlene Kurkuma
- ¼ TL rosenscharfes Paprikapulver
- Salz, Pfeffer
- 1 kleine rote Zwiebel
- 2 Knoblauchzehen
- 300 g Schweinefilet oder -schnitzel
- 2 Stängel glatte Petersilie

**INFO:** Schweinefilet, besonders solches aus artgerechter Haltung, enthält nicht mehr Fett als Geflügel (siehe Tabelle Seite 161). Trotzdem sollte es nicht allzu oft auf den Tisch kommen, auch wenn in diesem Gericht durch reichlich ballaststoffhaltiges Kürbisgemüse einiges wettgemacht wird.

1. Den Kürbis waschen (die Schale wird mitverwendet), halbieren und die Kerne entfernen. Das Fruchtfleisch in etwa 1–1,5 cm große Würfel schneiden.
2. In einer geräumigen Schüssel 1 EL Olivenöl mit Kurkuma, Paprikapulver, Salz und Pfeffer verrühren. Die Kürbiswürfel dazugeben und gut vermischen, sodass alles rundherum mit dem Gewürzöl benetzt ist.
3. Ein Backblech mit Backpapier auslegen und die Kürbiswürfel nebeneinander darauf verteilen. In den kalten Ofen geben, 180 °C Ober-/Unterhitze (Umluft 160 °C) einstellen und 15–20 Minuten backen, bis sie weich sind.
4. In der Zwischenzeit die Zwiebel abziehen und in Ringe schneiden. Knoblauch schälen und in feine Scheiben schneiden. Das Fleisch in 1–1,5 cm große Würfel schneiden.
5. Das restliche Olivenöl in einer beschichteten Pfanne erhitzen. Fleischwürfel und Knoblauchscheiben einrühren. Die Zwiebelringe obenauf geben. Bei mittlerer Hitze so lange braten, bis das Fleisch an der Oberseite nicht mehr rosa ist.
6. Fleisch und Zwiebel kräftig durchrühren und die Kürbiswürfel aus dem Ofen unterrühren. Alles zusammen kurz durchziehen lassen und mit Salz und Pfeffer abschmecken.
7. Die Petersilie waschen, mit Küchenpapier trocken tupfen, die Blätter von den Stängeln zupfen und das Gericht damit bestreuen.

# Filetspitzen mit Paprika und breiten Bohnen

**Für 2 Portionen**
**Pro Portion: 458 kcal | 47,9 g E | 22,5 g F (davon 4,9 g GF) | 11,6 g KH | 8,4 g Bal**

## ZUTATEN

- 300 g Rinderfiletspitzen oder falsches Filet bzw. Hüftsteak
- 2 Knoblauchzehen
- ½ TL Pfeffer, grob gemahlen
- 200 g breite Bohnen
- Salz
- ½ l Wasser
- 1 gelbe Paprikaschote
- 2 EL Olivenöl
- 50 ml Gemüse- oder Fleischbrühe (Fertigprodukte)
- 2 TL Crema di Balsamico nach Belieben

1. Das Fleisch in schmale, etwa 5 cm lange Streifen schneiden. Die Knoblauchzehen abziehen und durch eine Knoblauchpresse drücken. Fleischstücke, Knoblauch und Pfeffer in einer Schüssel vermischen und durchziehen lassen.
2. Die Bohnen waschen, putzen und schräg in schmale Streifen schneiden. In einen Dampfgareinsatz geben. Salzwasser in einen Topf füllen, Dampfgareinsatz mit Bohnen einsetzen und diese zugedeckt 8–10 Minuten bissfest dämpfen.
3. Die Paprikaschote waschen, putzen und in Streifen schneiden.
4. Das Öl in einer geräumigen, beschichteten Pfanne erhitzen und das Fleisch darin verteilen. Paprikastreifen obenauf geben. Das Fleisch etwa 3 Minuten braten, bis es eine leichte Bräunung zeigt. Dann durchrühren und weiterbraten, bis auch die Paprikastreifen Farbe angenommen haben.
5. Mit Brühe ablöschen und kurz einkochen lassen. Die Bohnen unterrühren und das Ganze mit Salz und Pfeffer abschmecken, auf 2 Teller verteilen und nach Belieben mit Balsamcreme beträufeln.

**INFO:** Früher galt es, rotes Fleisch auf jeden Fall zu meiden, wenn man Probleme mit einem zu hohen Cholesterinspiegel hatte. Mittlerweile hat sich herausgestellt, dass alle Fleischsorten – auch Geflügel – schädlichen Einfluss auf die Cholesterinwerte haben. Also sparsam und nur in hoher Qualität essen, dann halten sich die gesättigten und ungesättigten Fettsäuren die Waage.

# Zitronenhähnchen mit Kartoffeln

**Für 2 Portionen**
**Pro Portion: 851 kcal | 54,8 g E | 52,2 g F (davon 6,5 g GF) | 39,2 g KH | 5,7 g Bal**

## ZUTATEN

- 2 Hähnchenschenkel (à ca. 200 g)
- 400 g Kartoffeln
- 4 Knoblauchzehen
- 2 Zitronen
- 4 EL Olivenöl
- Salz, Pfeffer
- 2 Zweige Rosmarin
- 5 Zweige Thymian

1. Die Hähnchenschenkel mit Küchenpapier trocken tupfen, nach Belieben in jeweils 2 Stücke teilen und in einen Bräter legen.
2. Die Kartoffeln schälen, waschen, in Spalten schneiden und zwischen die Hähnchenteile legen. Die Knoblauchzehen mit der stumpfen Seite auf die Arbeitsfläche drücken, sodass sie aufplatzen, und zwischen die Kartoffeln stecken.
3. Die Zitronen auspressen, sodass Sie etwa 75 ml Saft erhalten. Zitronensaft mit Olivenöl, Salz und Pfeffer verquirlen und über die Hähnchenteile und Kartoffeln gießen.
4. Rosmarin- und Thymianzweige waschen, trocken schütteln und auf dem Gericht verteilen. Nach Belieben mit übriger Zitrone – in Scheiben schneiden – belegen.
5. In den kalten (!) Backofen schieben, diesen auf 180 °C Ober-Unterhitze (Umluft 160 °C) einstellen und das Gericht 1 ½ Stunden backen, bis die Hähnchenhaut goldgelb ist und die Kartoffeln weich sind.

**INFO:** Dieses Gericht ist supereinfach in der Zubereitung, schmeckt lecker und ist gut für Gäste geeignet. Der Fettgehalt scheint recht hoch – da es sich aber hauptsächlich um die guten Ölsäuren aus dem Olivenöl handelt, brauchen Sie sich keine Sorgen zu machen.

# Lachs mit Gnocchi auf Spinat

**Für 2 Portionen**
**Pro Portion: 662 kcal | 34,4 g E | 33,6 g F (davon 5,8 g GF) | 50,5 g KH | 10,4 g Bal**

## ZUTATEN

- 300 g Gnocchi (Fertigprodukt aus dem Kühlregal)
- Wasser
- Salz
- 200 g Babyspinat
- 2 Stängel frisches Basilikum
- 250 g Lachsfilet ohne Haut
- Pfeffer
- 2 EL Olivenöl
- 1 TL rote Beeren
- Muskatnuss
- 50 ml Soja Cuisine (pflanzenbasierte Sahne)

**INFO:** Fettreiche Fische wie Lachs enthalten viel Omega-3-Fettsäuren und das nützliche HDL-Cholesterin, welches schon bestehende Ablagerungen in den Gefäßen wieder abtransportieren kann.

Kaufen Sie besser schonend geangelten Wildlachs als Lachs aus Aquakulturen. Zuchtlachs sollte auf jeden Fall ein ASC- oder Biosiegel haben. Am besten ist Bio-Zuchtlachs mit Naturland-Siegel.

1. Die Gnocchi aus der Packung nehmen. Reichlich Wasser in einen mittelgroßen Topf geben, salzen und aufkochen lassen. Den Topf vom Herd nehmen, die Gnocchi hineingeben und ziehen lassen. Sie sind gar, wenn sie an der Oberfläche schwimmen. (Bitte die Packungsanleitung beachten und die Gnocchi eventuell später ins heiße Wasser geben.)
2. In der Zwischenzeit den Spinat waschen, verlesen und in einem Sieb abtropfen lassen. Das Basilikum waschen, trocken schütteln, die Blätter von den Stängeln zupfen und beiseitelegen.
3. Den Lachs trocken tupfen, pfeffern und in mundgerechte Würfel schneiden.
4. Das Öl in einer geräumigen beschichteten Pfanne (der Spinat soll nachher darin Platz haben) mild erhitzen. Lachswürfel und rote Beeren rundherum leicht anbraten. Mit einer Schaumkelle herausnehmen und beiseitestellen.
5. Den übrigen EL Öl in die Pfanne geben und den Spinat tropfnass (das ist wichtig, damit er im Dampf garen kann!) einrühren. Zugedeckt dämpfen, bis er zusammengefallen ist. Spinat mit Muskatnuss, Salz und Pfeffer würzen.
6. Spinat auf 2 tiefe Teller verteilen, die Soja Cousine darüberträufeln, Lachs und Gnocchi darauflegen und mit den Basilikumblättern bestreuen.

# Heilbutt mit Kartoffeln en papillote

**Für 2 Portionen**
**Pro Portion: 626 kcal | 38,6 g E | 35,3 g F (davon 3,0 g GF) | 36,3 g KH | 5,2 g Bal**

## ZUTATEN

400 g kleine Kartoffeln (»Drillinge«)
Wasser
400 g Filet vom schwarzen Heilbutt
½ Zitrone
4 Safranfäden
100 g Cocktailtomaten
Salz, Pfeffer
2 EL Olivenöl

1. Die Kartoffeln mit einer Bürste abschrubben – die Schale wird mitverwendet. In einen kleinen Topf geben, mit Wasser bedecken und in 12–15 Minuten bissfest kochen.
2. Heilbuttfilet trocken tupfen und in mundgerechte Stücke schneiden. Die halbe Zitrone auspressen, die Fischstücke mit dem Saft beträufeln und ziehen lassen. Die Safranfäden in 1 EL heißem Wasser einweichen. Die Cocktailtomaten halbieren oder vierteln.
3. Von einer Backpapierrolle 2 × 30 cm abschneiden. Den Backofen auf 180 °C Ober-/Unterhitze (Umluft 160 °C) vorheizen.
4. Die Kartoffeln durch ein Sieb abgießen und etwas abkühlen lassen. Dann in Scheiben oder Spalten schneiden. Jeweils die Hälfte der Kartoffeln in die Mitte eines Papiers setzen. Mit Salz, Pfeffer und den Safranfäden samt Einweichwasser würzen.
5. Die Fischstücke daraufgeben, die Tomaten obenauf geben und jeweils mit 1 EL Olivenöl beträufeln.
6. Jedes Backpapier zu einem Päckchen falten und an den Enden mit Küchengarn zubinden. Im vorgeheizten Backofen 15 Minuten garen. Dann die Päckchen ungeöffnet auf 2 flache Teller geben.

**TIPP:** Wenn Sie die Kartoffeln schon am Vortag kochen und auskühlen lassen, entsteht bei diesem Vorgang das wertvolle Butyrat, welches verhindert, dass LDL in den Blutkreislauf gelangt.

**INFO:** Päckchen aus dem Backofen sind eine unkomplizierte Art Fisch zuzubereiten. Sie brauchen ihn nicht in der Pfanne wenden (er zerfällt dabei leicht), bleibt immer schön saftig und sein Geruch verbreitet sich nicht in der ganzen Wohnung. Papillote bezeichnet eigentlich ein glänzendes Bonbonpapier oder Knallbonbon. Hieran erinnert in der Küche nur noch vage die Form. Nicht so schön, aber genauso zweckmäßig ist Alufolie. Die Lebensmittel werden auf der glänzenden Seite eingerollt.

# Lachs mit Buchweizen und Tomaten

**Für 2 Portionen**
**Pro Portion: 660 kcal | 41,0 g E | 34,7 g F (davon 5,5 g GF) | 43,8 g KH | 3,9 g Bal**

## ZUTATEN

1 kleine Zwiebel
150 g Buchweizen, ganze Körner
2 EL Raps- oder Olivenöl
1 EL Tomatenmark
300 ml Gemüsebrühe (Fertigprodukt)
2 Lachsschnitten (à ca. 150 g)
Pfeffer aus der Mühle
150 g Cocktailtomaten
2 Stängel glatte Petersilie
Salz

1. Die Zwiebel schälen und in kleine Würfel schneiden. Den Buchweizen in ein Sieb schütten und heiß abbrausen.
2. 1 EL Rapsöl in einem kleinen Topf erhitzen und die Zwiebelwürfel unter Rühren goldgelb anbraten. Das Tomatenmark und den Buchweizen dazugeben und kurz mitbraten. Mit Brühe aufgießen, aufkochen lassen und offen bei geringer Hitze 10 Minuten köcheln lassen. Dann vom Herd nehmen, mit einer Gabel auflockern und ausdampfen lassen.
3. Die Lachsschnitten trocken tupfen und pfeffern. Das restliche Öl in einer beschichteten Pfanne mild erhitzen und die Lachschnitten von jeder Seite ca. 4 Minuten anbraten.
4. Die Tomaten waschen, mit Küchenpapier trocken tupfen und halbieren oder vierteln. Die Petersilie waschen, trocken schütteln, die Blätter von den Stängeln zupfen und grob hacken.
5. Buchweizen mit Salz und Pfeffer abschmecken, auf 2 Tellern anrichten, den Lachs obenauf geben, die Tomaten rundherum legen und das Ganze mit Petersilie und Pfeffer aus der Mühle bestreuen.

**TIPP:** Wenn Ihnen ganzer Buchweizen zu »kernig« ist, greifen Sie zu Buchweizenschrot, den es auch in der Variante geröstet gibt. Dieser hat ein besonders würziges Aroma.

Die Ballaststoffe des Buchweizens und dazu die gesunden Fettsäuren aus dem Lachs – ein Dream-Team, das Ihrem hohen Cholesterinspiegel den Garaus machen kann.

# Thunfisch mit Tomaten und Oliven

**Für 2 Portionen**

**Pro Portion: 536 kcal | 43,8 g E | 36,1 g F (davon 6,0 g GF) | 6,4 g KH | 2,1 g Bal**

## ZUTATEN

- 2 frische Thunfischsteaks (»Sushiqualität«) à ca. 200 g
- 250 g Cocktailtomaten
- 2 EL Olivenöl
- Salz, Pfeffer
- 1 TL Rohrzucker
- 50 g schwarze entsteinte Oliven
- 1 EL eingelegte Kapern
- schwarzer Pfeffer, frisch gemahlen

**TIPP:** Gebratener Thunfisch sollte eine etwa 3 mm dicke durchgebratene Schicht rundherum haben, innen aber noch rosig und bis im Kern roh sein. Wer das nicht mag, lässt die Filets bei kleiner Hitze nachgaren – dabei kann Thunfisch jedoch leicht trocken werden.

**INFO:** Thunfisch sollte nur noch zu besonderen Anlässen genossen werden. Er ist vom Aussterben bedroht. Andererseits liefert das magere Fleisch viel Eiweiß und Omega-3-Fettsäuren und schmeckt zudem superlecker.

1. Die Thunfischsteaks aus dem Kühlschrank nehmen und 1–2 Stunden zugedeckt auf Zimmertemperatur bringen.
2. Den Backofen auf 200 °C Ober-/Unterhitze (Umluft 180 °C) vorheizen. Die Tomaten waschen. 1 EL Olivenöl mit Salz, Pfeffer und Zucker in einer Schüssel verrühren. Die tropfnassen Tomaten, Oliven und Kapern gut mit der Marinade verrühren.
3. Gemüse in eine feuerfeste Form geben und im Backofen in etwa 15 Minuten »schmelzen« lassen. Anschließend im abgeschalteten Backofen warmhalten. (Sie können das Gemüse auch in einer Pfanne ca. 3 Minuten dünsten und dann auf ganz kleiner Flamme warmhalten, bis der Thunfisch fertig ist.)
4. Thunfischsteaks mit Küchenpapier trocken tupfen und mit Pfeffer bestreuen. Das restliche Olivenöl in einer beschichteten Pfanne erhitzen und die Steaks von jeder Seite 45 Sekunden anbraten. Dann mit einer Küchenzange fassen und kurz rundherum hochkant aufstellen, um die Steaks im heißen Öl zu versiegeln.
5. Auf 2 – am besten vorgewärmten – Tellern anrichten und das Gemüse danebenlegen.

# Gedünsteter Lachs mit Salatpesto

**Für 2 Portionen**
**Pro Portion: 624 kcal | 44,0 g E | 44,7 g F (davon 9,5 g GF) | 10,2 g KH | 2,6 g Bal**

## ZUTATEN

- 2 Lachsschnitten (à ca. 150 g)
- Pfeffer
- 500 ml Wasser
- 150 g gemischte Salatblätter, z. B. Kopfsalat, Rucola, Babyspinat
- 10 Blätter frisches Basilikum
- 25 g Cashewkerne oder Walnüsse
- 30 g Parmesan
- 150 g Cocktailtomaten
- 2 EL Olivenöl
- 2 EL Apfelessig
- 1–2 EL Zitronensaft
- Salz, Pfeffer oder nach Belieben Cayennepfeffer

1. Die Lachschnitten trocken tupfen, pfeffern und in einen Dampfgaraufsatz legen. Wasser in einen passenden Topf füllen und zum Kochen bringen. Dampfgaraufsatz einsetzen und den Fisch bei kleiner Hitze 12–15 Minuten zugedeckt dämpfen.
2. In der Zwischenzeit Salat und Basilikumblätter waschen, verlesen und gut abtropfen lassen.
3. Die Cashewkerne hacken und in einer beschichteten Pfanne ohne Fett goldgelb rösten. Den Parmesan in Stücke brechen. Die Tomaten waschen und halbieren oder vierteln.
4. Die Hälfte des Salats, Basilikum, Cashewkerne, Parmesan und Olivenöl in einem Universalzerkleinerer oder mit dem Pürierstab zu einem Pesto verarbeiten.
5. Aus Apfelessig, Salz und Pfeffer ein Dressing rühren. Den restlichen Salat und die Tomaten darin wenden.
6. Pesto mit Zitronensaft, Salz und Pfeffer abschmecken. Lachs auf 2 Tellern anrichten, mit dem Pesto bestreichen und den Salat daneben anrichten.

**TIPP:** Vom Pesto können Sie auch gleich die doppelte Menge zubereiten. Es eignet sich sehr gut als Basis für Salatdressings. In einem Schraubglas, mit Öl bedeckt, hält es sich 1–2 Wochen im Kühlschrank.

# DESSERTS, GEBÄCK UND SÜßE HAUPTGERICHTE

Beim Backen verwende ich zur cholesterinbewussten Ernährung keine Butter, denn beim Erhitzen können die schädlichen Transfette entstehen. Deshalb werden jeweils 100 g Butter durch 90 g kalt gepresstes Olivenöl ersetzt. Auf diese Art können Sie Ihre Kuchenrezepte an eine cholesterinkontrollierte Ernährung anpassen.

Eier können Sie zum Backen in Maßen verwenden. Denn der Cholesteringehalt in Nahrungsmitteln spielt keine so große Rolle mehr, wie bisher angenommen (siehe Seite 14) Trotzdem: Wenn Ihr Arzt Ihnen von Eiern abrät, verwenden Sie Ei-Ersatz fürs Gebäck. Selbst gemacht ist das pro Ei 1 EL Leinsamenschrot oder -mehl mit 4 EL Wasser verrührt und ca. 10–15 Minuten Quellzeit. Fertigen Ei-Ersatz bekommen Sie meist unter der Bezeichnung »Veganer Ei-Ersatz« in Reformhäusern, Bioläden und gut sortierten Supermärkten.

Natürlich fehlen auch hier nicht die ballaststoffreichen Zutaten, Nüsse und die wegen ihrer Pflanzenfarbstoffe nützlichen Beeren.

# Reispudding mit Erdbeeren

**Für 4 Portionen**
**Pro Portion: 196 kcal | 7,4 g E | 2,6 g F (davon 1,2 g GF) | 24,5 g KH | 2,8 g Bal**

## ZUTATEN

1 Vanilleschote
500 ml fettarme Milch oder ungesüßter Mandeldrink
Salz
100 g Milchreis
500 g Erdbeeren
einige Minzeblätter nach Belieben

1. Die Vanilleschote längs aufschlitzen und das Mark herauskratzen. Milch mit Vanillemark und 1 Prise Salz in einen Topf geben, aufkochen lassen und den Reis einrühren.
2. Reis zugedeckt 20 Minuten auf sehr kleiner Flamme quellen lassen. Dabei öfters umrühren, damit sich nichts ansetzt. Etwas auskühlen lassen und nach Belieben mit einem Pürierstab leicht pürieren.
3. In 4 Gläser füllen und kalt stellen.
4. Erdbeeren behutsam waschen, putzen und vierteln. Die Hälfte der Erdbeeren in einem hohen Glas mit dem Pürierstab pürieren oder mit einer Gabel zerdrücken.
5. Erdbeersoße auf dem Reis verteilen und die Erdbeerviertel obenauf geben. Nach Belieben mit Minze dekorieren.

**TIPP:** Es wäre vorteilhaft, den Reis schon am Vortag zuzubereiten. Wenn er 24 Stunden lang abkühlen kann, entwickelt sich in den Körnern die sogenannte resistente Stärke, aus welcher im Darm das Butyrat (Buttersäure) entsteht. Das unterstützt Ihre Darmflora und verhindert, dass LDL-Cholesterin in Ihren Blutkreislauf gelangt.

# Apfelauflauf mit Haferflocken

**Für 6 Portionen**
**Pro Portion: 283kcal | 8,8g E | 8,9g F (davon 1,6g GF) | 39,3g KH | 5,1g Bal**

## ZUTATEN

- 50 g Walnüsse
- 100 g Dinkelvollkornmehl
- 100 g Haferflocken
- 50 g Rosinen oder Cranberrys
- 150 g Quark (20 % Fett)
- 130 g lauwarmes Wasser
- 1 TL Backpulver
- 1 TL Salz
- 500 g Äpfel
- etwas Rapsöl für die Form

1. Den Backofen auf 180 °C Ober-/Unterhitze (Umluft 160 °C) vorheizen. Die Walnüsse hacken.
2. Alle Zutaten außer den Äpfeln in einer großen Schüssel mit dem Handrührgerät vermischen.
3. Die Äpfel nach Belieben schälen oder waschen. Vierteln, die Kerngehäuse entfernen und das Fruchtfleisch in dünne Spalten schneiden.
4. Äpfel unter den Teig heben. Eine Form (ca. 20 × 20 cm) dünn einfetten, den Teig hineingeben und im vorgeheizten Backofen 35–40 Minuten auf der mittleren Schiene backen, bis der Auflauf goldgelb ist. Noch heiß, lauwarm oder abgekühlt essen.

**TIPP:** Der Auflauf kann heiß, kalt oder lauwarm gegessen werden. Er eignet sich als Nachtisch, aber auch als Hauptgericht für 2–3 Personen.

# Brotpudding mit Äpfeln

**Für 4 Portionen**

**Pro Portion: 294 kcal | 8,4 g E | 8,4 g F (davon 1,6 g GF) | 44,3 g KH | 3,9 g Bal**

## ZUTATEN

- 15 g Ei-Ersatz (ersatzweise 3 EL Leinsamenschrot (in 12 EL Wasser quellen lassen)
- 150 ml Mineralwasser mit Kohlensäure
- 20 g gemahlene Mandeln
- 1 Päckchen Vanillezucker
- 30 g Rohrzucker
- 50 g Rosinen
- 400 ml fettarme Milch
- Salz
- 2 Äpfel
- 2 Brötchen
- 1 EL Raps- oder Olivenöl

1. Den Backofen auf 180 °C Ober-/Unterhitze (Umluft 160 °C) vorheizen. In einer geräumigen Schüssel Ei-Ersatz mit Mineralwasser glatt rühren.
2. Die gemahlenen Mandeln, Vanillezucker, Rohrzucker, Rosinen, Milch und Salz unterrühren.
3. Die Äpfel waschen, vierteln, die Kerngehäuse entfernen und das Fruchtfleisch nach Belieben in dünne Spalten oder Würfel von ca. 1 cm Größe schneiden.
4. Die Brötchen in etwa 1,5 cm große Würfel schneiden. Brötchenwürfel und Apfelspalten zur Milchmischung geben.
5. Eine Quicheform (Ø ca. 26 cm) mit dem Öl auspinseln und die Teigmischung einfüllen.
6. Im vorgeheizten Backofen auf der mittleren Schiene 55–60 Minuten backen, bis die Flüssigkeit gestockt ist. Eventuell zwischendurch mit einem Pfannenwender etwas umrühren, damit die Brötchenwürfel gleichmäßig bräunen.

**INFO:** Ei-Ersatz bekommen Sie in Bioläden oder im Reformhaus. Er zeigt gute Ergebnisse. Wenn Sie dennoch Hühnereier verwenden wollen, brauchen Sie für dieses Rezept 3 Stück, Größe M. Es ergeben sich folgende Nährwerte: 345 kcal | 12,7 g E | 12,6 g F (davon 2,7 g GF) | 43,6 g KH | 3,0 g Bal.

# Buchweizen-Pancakes

**Für 2 Portionen**
**Pro Portion (3 Stück): 357 kcal | 6,3 g E | 7,6 g F (davon 1,2 g GF) | 64,1 g KH | 3,4 g Bal**

## ZUTATEN

- 2 reife Bananen (à ca. 100 g geschält)
- 100 g Buchweizenmehl
- 1 TL Backpulver
- Salz
- 150 ml fettarme Milch
- 2½ TL Raps- oder Olivenöl
- 2 TL Honig nach Belieben

1. Die Bananen schälen. 1 Banane mit einer Gabel fein zerdrücken, die andere in Scheiben schneiden und beiseitestellen.
2. Zerdrückte Banane, Mehl, Backpulver, 1 Prise Salz und Milch in eine Schüssel geben und mit dem Handrührgerät zu einem geschmeidigen Teig rühren. 10–15 Minuten ruhen lassen.
3. Teig eventuell mit etwas Wasser oder Milch verdünnen. Er soll nicht zu fest sein, sodass er sich gut in der Pfanne verteilen lässt.
4. ½ TL Öl in einer kleinen beschichteten Pfanne (Ø ca. 11 cm) erhitzen. 1 kleine Kelle Teig einfüllen und durch Schwenken verteilen. Wenn sich an der Oberfläche kleine Löcher oder Blasen zeigen, mit einem Pfannenwender wenden. (Am besten eigenen sich dafür Pfannenwender aus Silikon – sie passen sich der kleinen Pfanne gut an.)
5. Mit den weiteren 5 Pancakes ebenso verfahren. Pancakes auf 2 Teller verteilen und mit den Bananenscheiben belegen. Nach Belieben mit ein wenig Honig beträufeln.

**TIPP:** Sie können die Pancakes auch mit beliebigem anderem Obst belegen, sie auf Vorrat einfrieren oder einfach pur zum Kaffee oder unterwegs genießen.
1 Pancake hat 119 kcal | 2,1 g E | 2,5 g F (davon 0,4 g GF) | 21,4 g KH | 1,1 g Bal.

# Bananenkuchen mit Nüssen und Cranberrys

**Für 20 Scheiben**
**Pro Scheibe: 106 kcal | 2,7 g E | 5,1 g F (davon 0,5 g GF) | 11,7 g KH | 1,4 g Bal**

## ZUTATEN

- 3 EL gemahlene Leinsamen oder Leinsamenschrot
- 12 EL Wasser (100 ml)
- 1 kleine Bio-Zitrone oder -Limette
- 2 sehr reife Bananen (ca. 250 g geschält)
- 50 ml Rapsöl
- 100 g Quark (20 % Fett)
- 100 g Mehl (Type 1050)
- 100 g Haferflocken
- 1 Päckchen Backpulver
- 50 g getrocknete Cranberrys
- 50 g gehackte Walnüsse
- etwas Fett für die Form

1. Gemahlene Leinsamen in eine kleine Schüssel geben, mit Wasser verrühren und 10 Minuten quellen lassen.
2. Den Backofen auf 180 °C Unter-/Oberhitze (160 °C Umluft) vorheizen. Die Zitrone heiß waschen, Schale dünn abraspeln und die Frucht auspressen. Bananen schälen und mit einer Gabel grob zerdrücken. In eine Schüssel geben und mit dem Zitronensaft vermischen.
3. Rapsöl, Leinsamen-Mischung, Zitronenabrieb, Quark, Mehl, Haferflocken und Backpulver gut verrühren. Anschließend die Bananen, Cranberrys und Nüsse unterheben.
4. Eine Kastenform (ca. 25 cm Länge) leicht einfetten, den Teig darin verstreichen und 45 Minuten im vorgeheizten Backofen auf der mittleren Schiene backen. Vollständig auskühlen lassen und aus der Form stürzen.

**TIPP:** Statt der Cranberrys können Sie auch dunkle Schokoladen-Nibs oder Rosinen und anderes Trockenobst in den Teig geben. Statt der Leinsamen-Mischung eignen sich auch 3 Eier, Größe M.

# Haferflocken-Crumble mit Kirschen

**Für 4 Portionen**
**Pro Portion: 383 kcal | 6,6 g E | 18,1 g F (davon 1,5 g GF) | 45,5 g KH | 5,8 g Bal**

## ZUTATEN

- etwas Rapsöl für die Formen
- 1 Apfel (ca. 150 g)
- 1 EL Zitronensaft
- 40 g ungeschälte Mandeln
- 200 g Kirschen
- 1 Vanilleschote
- 3 EL Rapsöl
- 100 g kernige Bio-Haferflocken
- 50 g Rohrzucker
- 150 ml fettarmer Naturjoghurt

1. Backofen auf 180 °C Ober-/Unterhitze (Umluft 160 °C) vorheizen. 4 Gratinförmchen mit Rapsöl dünn einfetten.
2. Den Apfel schälen, vierteln und das Kerngehäuse entfernen. Das Fruchtfleisch klein würfeln, mit Zitronensaft beträufeln und in den Gratinförmchen verteilen.
3. Die Mandeln grob hacken. Die Kirschen waschen und gut abtropfen lassen. Einige Kirschen zur Dekoration beiseitestellen und die restlichen entkernen, grob hacken und mit den Äpfeln vermischen.
4. Die Vanilleschote längs aufschlitzen und das Mark herauskratzen.
5. Rapsöl in einer beschichteten Pfanne mild erhitzen. Haferflocken und Mandeln darin unter Rühren rösten. Pfanne vom Herd nehmen; Vanillemark und Rohrzucker unter die Haferflocken rühren.
6. Die Haferflockenstreusel auf dem Obst anhäufen und behutsam etwas festdrücken. 25–30 Minuten im vorgeheizten Backofen auf der mittleren Schiene goldgelb backen. Heiß, lauwarm oder kalt aus den Formen essen. Nach Belieben den Joghurt darüberlöffeln oder getrennt dazu reichen.

**TIPP:** Die in Kirschen enthaltenen Anthocyane, der rote Pflanzenfarbstoff, sind gut gegen Entzündungen und verringern das Risiko von Herz-Kreislauf-Erkrankungen. Besonders die Sauerkirschen sollen wirkungsvoll bei hohen Cholesterinwerten sein. Sie bekommen sie von Juni bis August frisch auf dem Markt. Ähnlich gute Effekte haben Sauerkirschen auch aus dem Glas oder als Saft.

# Überbackene Birnen mit Nüssen

**Für 2 Portionen**
**Pro Portion: 325 kcal | 5,8 g E | 15,3 g F (davon 1,2 g GF) | 37,5 g KH | 7,1 g Bal**

## ZUTATEN

- 40 g ungeschälte Mandeln
- 20 g Walnüsse
- 20 g Rosinen oder getrocknete Cranberrys
- ¼ TL gemahlener Zimt
- 2 TL Honig, Ahornsirup oder Birnendicksaft
- 2 Birnen (à ca. 150 g)
- 60 ml naturtrüber Apfelsaft oder Wasser

1. Den Backofen auf 150 °C Ober-/Unterhitze (Umluft 130 °C) vorheizen.
2. Mandeln und Walnüsse grob hacken. In eine kleine Schüssel geben und mit Rosinen, Zimt und Honig gut verrühren.
3. Die Birnen – nach Belieben – schälen oder waschen, längs halbieren und die Kerngehäuse mit einem kleinen Messer herausschneiden. In eine feuerfeste Form legen und mit der Honig-Nuss-Mischung füllen.
4. Den Apfelsaft (oder das Wasser) angießen und das Ganze 30 Minuten im Ofen garen, bis die Birnen weich sind – je nach Reifegrad kann das auch etwas länger dauern. Birnen auf 2 Tellern anrichten und mit dem Apfelsaft beträufelt heiß oder lauwarm genießen.

**INFO:** In den Birnen steckt Lignin, ein Ballaststoff, der den Darm beim Abbau von Cholesterin unterstützt. Es ist besser, die Birnen ungeschält zu verwenden.

# Milchreis mit Johannisbeeren

**Für 4 Portionen**
**Pro Portion: 271 kcal / 11,9 g E | 2,9 g F (davon 1,4 g GF) | 46,8 g KH | 5,6 g Bal**

## ZUTATEN

- 600 ml fettarme Milch
- ½ Vanilleschote nach Belieben
- 1 Prise Salz
- 150 g Milchreis
- 250 g Johannisbeeren
- 50 ml Wasser
- 1 Stange Zimt
- 2 EL Birnen- oder Apfeldicksaft

1. Milch in einen mittelgroßen Topf geben, die halbe Vanilleschote längs aufschlitzen und mit dem Salz dazugeben. Aufkochen lassen, den Reis zufügen, nochmals aufkochen und dann bei minimaler Hitze 20 Minuten ziehen lassen, bis der Reis weich ist. Öfter umrühren, damit nichts anbrennt.
2. In der Zwischenzeit die Johannisbeeren waschen und verlesen. Von der Hälfte der Früchte die Beeren von den Stielen zupfen und mit Wasser und Zimtstange in einen kleinen Topf geben.
3. Die Beeren aufkochen lassen, dann vom Herd nehmen und ziehen lassen, bis der Reis fertig ist. Früchte mit einem Kartoffelstampfer oder Pürierstab zu einer Soße grob pürieren und mit Birnendicksaft abschmecken.
4. Die Vanilleschote entfernen und den Reis auf 4 Schüsseln verteilen. Das Beerenkompott darüberlöffeln und mit den restlichen Beeren belegen.

**TIPP:** Für dieses Rezept gibt es gleich 4 Portionen – Sie können den restlichen Milchreis auch gut mit Obst zum Frühstück essen.

**INFO:** Johannisbeeren wirken wie ein Putztrupp in unserem Körper. Sie reinigen den Darm, entwässern, harmonisieren die Cholesterinwerte. Die vielen sekundären Pflanzenstoffe, die besonders reichlich in den dunklen Johannisbeeren vorkommen, erhören den HDL-Cholesterinwert und sorgen dafür, dass das schädliche LDL-Cholesterin aus dem Darm zurück in die Leber kommt.

# Hirsebrei mit Zimtbirnen

**Für 2 Portionen als Hauptgericht**
**Pro Portion: 405kcal|13,6g E|12,4g F (davon 2,4g GF)|56,9g KH|5,9g Bal**

## ZUTATEN

- 2 kleine Birnen (à ca. 100 g)
- ½ Vanilleschote nach Belieben
- 75 ml Wasser
- ½ TL Zimt
- 30 g gehackte Haselnüsse
- 1 TL Rohrzucker
- 100 g Hirse
- 300 ml fettarme Milch oder Mandeldrink
- Salz

1. Die Birnen heiß waschen, vierteln, die Kerngehäuse entfernen und das Fruchtfleisch würfeln. Die Vanilleschote aufschlitzen. Birnen mit Wasser in einen kleinen Topf geben, Zimt und Vanilleschote dazugeben, zugedeckt aufkochen lassen und anschließend ziehen lassen, bis die Birnen weich sind.
2. Die Haselnüsse in einer beschichteten Pfanne ohne Fett rösten. Den Zucker darüberstreuen und schmelzen lassen, sodass er sich mit den Haselnüssen verbindet.
3. Hirse in ein Sieb geben und heiß abbrausen. Mit der Milch und 1 Prise Salz in einen kleinen Topf geben, aufkochen und bei sehr geringer Hitze 10–15 Minuten quellen lassen, bis alle Flüssigkeit aufgesogen ist.
4. Hirsebrei auf 2 Schüsseln verteilen, die Birnen darüberlöffeln und mit den karamellisierten Haselnüssen bestreuen.

**INFO:** Haselnüsse, wie andere Nüsse auch, gelten als Cholesterinsenker. Sie sollten dafür aber nicht gesalzen oder mit Schokolade überzogen sein.

# Grießpudding mit Beeren, Granatapfel und Datteln

**Für 2 Portionen**

**Pro Portion: 229 kcal | 4,3 g E | 3,7 g F (davon 0,3 g GF) | 41,9 g KH | 7,5 g Bal**

## ZUTATEN

- 100 g Heidelbeeren
- ½ Granatapfel
- 4 getrocknete Datteln oder anderes Trockenobst (ca. 30 g)
- 500 ml fettarme Milch oder ungesüßter Mandeldrink
- Salz
- 1 Päckchen Vanillezucker
- 50 g Weichweizengrieß
- frische Minzeblätter nach Belieben

1. Heidelbeeren waschen, verlesen und abtropfen lassen. Granatapfel quer halbieren und aus einer Hälfte die Kerne herauspulen. Das sollte ca. 80 g ergeben. Die Datteln klein würfeln.
2. Milch mit 1 Prise Salz in einen kleinen Topf geben und zum Kochen bringen.
3. Den Vanillezucker einrühren und langsam den Grieß einrieseln lassen.
4. Grießpudding bei kleinster Hitze unter ständigem Rühren köcheln lassen, bis die gewünschte Konsistenz erreicht ist.
5. Auf 2 tiefe Teller verteilen. Pudding noch warm mit dem vorbereiteten Obst bestreuen und nach Belieben mit Minzeblättern dekorieren.

**TIPPS:** Grießpudding ist ein richtig feines Soulfood, wie man es noch aus seiner Kindheit kennt. Auch mit Schokoraspel obenauf – oder gleich eingerührt – tröstet es in jeder Lebenslage. Und mit zerlassener Butter und Zimt wird aus dem Pudding ein Festschmaus! Sie können ihn auch mit roter Grütze, Marmelade oder Sirup genießen.

1–2 EL kalter Joghurt oder saure Sahne, unter das heiße Dessert gehoben, lässt es schneller auskühlen.

Wenn Sie den Vanillezucker in diesem Rezept weglassen, können Sie den Pudding auch mit Kräutern und Rohkostgemüse essen.

**INFO:** Grieß ist ein wenig in Vergessenheit geraten – dabei ist seine Zubereitung denkbar einfach. Wie andere Getreide und Getreideprodukte auch, enthält Grieß reichlich Ballaststoffe, die helfen, den LDL-Cholesterinspiegel zu senken. Grieß punktet auch mit den Vitaminen B1 und B2, den Mineralstoffen Kalium und Magnesium (für Herzgesundheit) sowie Eisen. Grieß aus Weichweizen zerkocht schneller zu Brei, Hartweizengrieß wird eher in Teigwaren verwendet.

# Zutatenregister

## A



## B



## C



## D



## E



## F



## G



## H

## I



## J



## K



## L



## M



## N



## O



## P

## Q



## R



## S



## T



## V



## W



## Z

# Bildnachweis

Adobe Stock: S. 7: BillionPhotos.com; S. 12: Dee-sign; S. 14: robynmac; S. 15: Miguel Tamayo; S. 16: beats_; S. 20: Okea, Olga Miltsova, PhotoSG; S. 21: Natalia Arteeva, colnihko; S. 23: vxnaghiyev; S. 25: karepa; S. 27: Luis Carlos Jiménez; S. 28: weyo; S. 32: elenarui; S. 33: Jeni-foto; S. 34: marysckin; S. 35: Alexandra; S. 36: Iryna Melnyk; S. 37: Дарья Воронцова; S. 39: irina2511; S. 40: juliasudnitskaya; S. 41: olyina; S. 43: nata_vkusidey; S. 44: irina; S. 45: LimeSky; S. 47: sveta_zarzamora; S. 48: Nataliia; S. 49: Denira; S. 52: Anna Puzatykh; S. 53: vanillaechoes; S. 55: FomaA; S. 56: Johannes; S. 57: nerudol; S. 59: Jacek Chabraszewski; S. 61: timolina; S. 62: Sa Scha; S. 63: FomaA; S. 65: Sea Wave; S. 67: Sea Wave; S. 69: vkuslandia; S. 71: FitTasteTic; S. 73: vaaseenaa; S. 77: Svetlana Kolpakova; S. 78: teleginatania; S. 79: Silvia Bogdanski; S. 81: teleginatania; S. 82: JJAVA; S 83: ArtCookStudio; S. 85: alex9500; S. 87: Anna Puzatykh; S. 89: Piotr Krzeslak; S. 91: Yulia Furman; S. 93: M.studio; S. 95: fabiomax; S. 97: aamulya; S. 101: Olha Afanasieva; S. 103: LimeSky; S. 105: epiximages; S. 107: Ildi; S. 109: Maresol; S. 111: FomaA; S. 113: mizina; S. 114: timolina; S. 115: Olha Afanasieva; S. 117: Stepanek Photography; S. 118: Trending Now; S. 119: yuliiaholovchenko; S. 121: julie208; S. 123: asife; S. 125: marcin jucha; S. 126: Iryna; S. 127: nikolaydonetsk; S. 129: anna_shepulova; S. 131: FomaA; S. 132: Sea Wave; S. 133: Bart; S. 135: Anne DEL SOCORRO; S. 137: beats_; S. 139: grinchh; S. 141: vaaseenaa; S. 143: manyakotic; S. 145: anna_shepulova; S. 146: Manaswi; S. 147: Mara Zemgaliete; S. 149: Stepanek Photography; S. 151: D&Jfoodstyling; S. 153: okkijan2010; S. 155: vaaseenaaS. 156: Jacek Chabraszewski; S. 157: anna_shepulova; S. 159: Daniela Baumann; S. 163: gkrphoto; S. 165: vaaseenaa; S. 167: HLPhoto; S. 169: minadezhda; S. 171: FomaA; S. 173: mizina; S. 175: anna_shepulova; S. 177: timolina; S. 178: babsi_w; S. 179: exclusive-design; S. 181: vpardi; S. 182: Jacek Chabraszewski; S. 183: denio109; S. 185: Stepanek Photography; S. 189: Svetlana Kolpakova; S. 190: qwartm; S. 191: fahrwasser; S. 193: rainbow33; S. 194: O.B.; S. 195: anna-pustynnikova; S. 197: noirchocolate; S. 199: New Africa; S. 201: annabell2012; S. 203: New Africa

Shutterstock.com: S. 18: Jiri Hera; UbjsP; ifong; Wiktory; JGade; xpixel; nito

**Bibliografische Information der Deutschen Nationalbibliothek**
Die Deutsche Nationalbibliothek verzeichnet diese Publikation in der Deutschen Nationalbibliografie. Detaillierte bibliografische Daten sind im Internet über https://dnb.de abrufbar.

**Für Fragen und Anregungen**
info@m-vg.de

**Wichtiger Hinweis**
Dieses Buch ist für Lernzwecke gedacht. Es stellt keinen Ersatz für eine individuelle medizinische Beratung dar und sollte auch nicht als solcher benutzt werden. Wenn Sie medizinischen Rat einholen wollen, konsultieren Sie bitte einen qualifizierten Arzt. Der Verlag und die Autorin haften für keine nachteiligen Auswirkungen, die in einem direkten oder indirekten Zusammenhang mit den Informationen stehen, die in diesem Buch enthalten sind.

Ausschließlich zum Zweck der besseren Lesbarkeit wurde auf eine genderspezifische Schreibweise sowie eine Mehrfachbezeichnung verzichtet. Alle personenbezogenen Bezeichnungen sind somit geschlechtsneutral zu verstehen.

Originalausgabe
1. Auflage 2024

Türkenstraße 89
80799 München
Tel.: 089 651285-0



Redaktion: Ulrike Reinen
Umschlagabbildungen: vkuslandia (shutterstock.com), New Africa (shutterstock.com), LimeSky (shutterstock.com)
Umschlaggestaltung: Sonja Stiefel
Satz: inpunkt[w]o, Wilnsdorf (www.inpunktwo.de)
Druck: Florjancic Tisk d.o.o., Slowenien
Printed in the EU

ISBN Print 978-3-7423-2671-3
ISBN E-Book (PDF) 978-3-7453-2434-1
ISBN E-Book (EPUB, Mobi) 978-3-7453-2435-8

Wir produzieren nachhaltig
www.m-vg.de

Weitere Informationen zum Verlag finden Sie unter
**www.rivaverlag.de**
Beachten Sie auch unsere weiteren Verlage unter www.m-vg.de